KB122020

미래 세대를 위한
지구를 살리는 급식 이야기

미래 세대를 위한 지구를 살리는 급식 이야기

제1판 제1쇄 발행일 2024년 6월 1일

글 _ 민은기, 배성호
기획 _ 책도둑(박정훈, 박정식, 김민호)
디자인 _ 이안디자인
펴낸이 _ 김은지
펴낸곳 _ 철수와영희
등록번호 _ 제319-2005-42호
주소 _ 서울시 마포구 월드컵로 65, 302호(망원동, 양경회관)
전화 _ 02) 332-0815
팩스 _ 02) 6003-1958
전자우편 _ chulsu815@hanmail.net

ⓒ 민은기, 배성호, 2024

ISBN 979-11-7153-011-3 43300

철수와영희 출판사는 '어린이' 철수와 영희, '어른' 철수와 영희에게 도움 되는 책을 펴내기 위해 노력합니다.

미래 세대를 위한

지구를 살리는 급식 이야기

― 선생님, 오늘 급식이 뭐예요?

글 | 민은기, 배성호

철수와영희

맛있는 '급식'과 함께하는
특별한 여행에 초대합니다!

"선생님, 오늘 급식이 뭐예요?"

학교에서 학생들이 가장 많이 하는 질문 중 하나입니다. 급식이 무엇인지, 급식이 어떠하냐에 따라 학교 만족도가 달라질 정도로 급식은 중요합니다. 또한 급식은 맛과 영양뿐만 아니라 환경과 생태계를 비롯해 우리 몸과 지구에 큰 영향을 준답니다.

그런데 우리는 학교에서 매일 먹는 급식에 대해 모르는 것이 많습니다. 이 책에서는 급식에 대해 우리가 여태 잘 모르고 있던 점들을 흥미진진하게 알아보려 합니다. 실제로 이 책은 전국 초등학생과 중학생 들이 궁금해하는 급식에 대한 질문들을 모아 만들었어요. 매일 학교에서 맛있는 급식을 만드는 영양 선생님과 유자학교에서 활동하며 교과서를 쓰는 선생님이 학생들의 다채로운 질문들을 생각을 키

워 가는 형태로 알기 쉽게 답변하면서 마련했습니다.

학교의 하루는 사실 급식으로 시작합니다. 매일 새벽부터 급식 준비를 하고 있거든요. 싱싱한 음식 재료를 담은 여러 대의 차량이 급식 준비실로 오고, 영양 선생님과 조리사 선생님 들이 하나하나 재료들의 안전을 확인하고 손질하면서 수십 명에서 많게는 수백, 수천 명의 급식을 준비하고 있어요.

이 책에서는 매일 여러분이 기대를 품고 기다리는 급식의 간단한 역사부터 급식이 조리되는 과정, 그동안 관심을 기울이지 못했던 조리실 환경, 우리 건강과 급식의 연관성, 급식 이후 잔반 처리 문제와 최근 달라진 급식의 모습까지, 그야말로 급식에 대한 모든 궁금증에 대해 이야기해 볼 거예요. 또한, 학교에서 급식 메뉴를 결정하기 위해 학생들이 직접 투표를 하고, 잔반을 줄이기 위해 식판 디자인을 직접 만들어 낸 또래 친구들의 유쾌하고 생생한 사례들과도 마주할 수 있습니다.

최근 기후 위기로 달라진 급식 이야기도 함께 살펴볼 수 있습니다. 왜 전 세계적으로 채식 급식이 늘어나고 있는지, 급식 재료가 되는 깻잎을 비롯한 채소는 누가 키우는지 등등을 흥미롭게 알아볼 거예요.

　그럼, 급식이 나오기까지 보이지 않는 곳에서 최선을 다해 일하는 수많은 사람들과 영양 선생님과 조리사 선생님 들의 노력에 감사하면서, 급식과 함께하는 맛있는 여행을 떠나 볼까요.

민은기, 배성호 드림

3 식품 구성 자전거로 균형 잡힌 식사를 할 수 있다고요?

4 친환경 급식이 왜 필요한가요?

5 기후 위기와 음식이 무슨 관계가 있나요?

1

학교 급식은 왜 하나요?

1 학교 급식은 언제부터 시작했나요?

여러분은 급식과 언제 처음 만났나요? 어린이집과 유치원에서 급식을 먹은 경험은 모두 다를 텐데요. 지금처럼 매일 당연하게 먹고 있는 급식이 사실은 길고 긴 역사를 가지고 있답니다. 학교 급식은 오랜 시간을 거쳐 점차 발전하면서 오늘날처럼 다양한 형태로 운영되고 있거든요.

조선시대 기록을 살펴보면 "사부학당의 학생들에게 한 끼니 식사를 항상 주고, 아침부터 저녁까지 토론하며 책을 읽게 하였다."라는 문장이 있어요. 역사학자에 따라서 학교 급식의 시작점을 다르게 해석하기도 하지만, 이 기록을 통해 조선시대에도 학생들에게 식사를 제공했다는 것을 알 수 있어요. 일제강점기에는 일부 학교에서 학생들에게 점심을 주기도 하였으나 일시적인 형태의 점심 제공이었답니다.

본격적으로 학교 급식이 시작된 역사를 알기 위해 지금으로부터 70여 년 전으로 시간 여행을 떠나 볼까요.

급식을 먹고 있는 학생들 모습

1950년대에는 오늘날과 같이 밥, 국, 반찬, 후식이 있는 급식
의 형태는 아니었어요. 사실 이때는 우리나라가 한국전쟁으로 큰
어려움을 겪고 있었기 때문이에요. 그래서 우리가 알고 있는 급
식과는 매우 다른 형태였어요.

그 당시의 급식은 국제연합아동기금(UNICEF), 미국경제협조
처(USAID) 등과 같은 국제기구의 도움을 받아 끼니를 제대로 먹
지 못하는 어린이들에게만 분유를 제공했어요. 전쟁으로 나라 형
편이 좋지 못해 전체 학생들에게 제공하기는 어려웠어요. 몇 년

후에는 밀가루로 만든 빵을 제공하는 급식이 시작되었습니다. 분유에 비해 발전된 형태이지만 급식으로 빵을 먹었다니, 밥과 반찬에 후식까지 먹는 지금은 상상할 수 없는 급식의 형태이지요? 그 당시의 급식은 학생들에게 고른 영양을 제공하기보다는 그저 한 끼라도 굶주림을 해결해 주는 의미가 더 컸을 거예요. 이처럼 다른 나라나 국제기구의 도움을 받아 급식을 운영하는 형태는 1960년대까지 지속되었답니다.

1970년대에는 국제기구의 도움이 종료되고 우리나라 정부와 학부모의 힘으로 빵을 급식하는 학교들이 있었어요. 농촌, 어촌 등의 지역에서는 빵과 함께 삶은 달걀, 과일을 제공하거나 학교의 텃밭에서 각종 채소를 길러 제공하는 등 학교 자체의 생산 활동을 통한 급식이 시범적으로 실시되었습니다.

이렇게 학교 급식이 계속해서 발전했는데, 1977년 식중독 사고가 일어났어요. 서울 지역 많은 학교에서 급식으로 제공한 크림빵을 먹은 학생들이 집단으로 복통과 설사를 호소하는 식중독 증상이 나타났거든요. 심지어 어느 학교에서는 사망자가 나오기도 했습니다. 이 사건으로 빵 급식이 중단되었습니다.

하지만 이 일은 급식이 바뀌는 계기가 되었습니다. 일부 학교에 영양 선생님이 배치되기 시작했고 1981년에는 학교 급식을 법적으로 관리할 수 있도록 「학교급식법」이 처음으로 제정되어 공포되었어요. 서서히 오늘날과 같은 학교 급식의 형태로 변하게 되었지요.

학교 급식의 발전은 우리나라의 경제, 사회, 문화와 같은 방향으로 변화해 왔어요. 경제, 사회, 문화가 발전하면서 1990년대부터 학교 급식이 크게 확대되었어요. 전국의 초등학교, 중학교, 고등학교에서 급식이 시작되고, 급식의 수준도 꾸준히 나아졌어요. 급식 관련 법 개정 등을 통해 위생과 안전뿐 아니라 영양까지 신경 쓰는 학교 급식이 되었답니다.

급식은 처음에는 가난한 아이들의 굶주림을 해결하기 위한 최소한의 식사였어요. 그러던 것이 이제는 아이들이 다양한 식재료를 경험하고 건강하게 성장하는 데 큰 영향을 끼치는 학교 교육의 중요한 부분이 되었어요. 앞으로 우리가 경험할 학교 급식이 어떤 모습으로 발전해 갈지 함께 생각해 볼까요.

2 학교 급식은 왜 하나요?

우리는 학교에 가는 날이면 익숙하고 자연스럽게 급식을 먹고 있습니다. 매일 아침 오늘의 점심 급식 메뉴는 무엇일까 하는 기대감이 들기도 하지요. 그렇다면 여러분은 '왜 각자 도시락을 싸 오지 않고 급식을 하는 거지?'라고 생각해 본 적이 있나요?

지금과 같은 급식을 위해서 보건복지부와 한국영양학회에서는 오랫동안 많은 연구를 해 왔답니다. 덕분에 〈2020 한국인 영양소 섭취 기준〉을 마련했어요. 여기서 한국 사람의 생애를 크게 '영아기, 성장기, 성인기, 노인기' 4단계로 구분했습니다. 사람의 영양소 필요량은 생애 주기에 따른 신체 성장과 체내 생리적 변화에 영향을 받으므로 영아기, 성장기, 성인기, 노인기로 구분한 것이에요. 이 중 1~18세를 성장기라고 부르는데, 바로 여러분이 이에 해당합니다.

성장기를 대상으로 영양소 섭취 기준을 설정할 때 1~5세는 남자와 여자의 구분 없이 설정하였지만, 6~18세까지는 남과 여

급식 게시판에 급식에 대한 소감을 적고 있는 학생들의 모습

를 구분하여 영양소 섭취 기준을 정하였습니다. 1~5세까지는 남자와 여자가 성장하는 속도가 비슷하지만 6~18세의 남학생과 여학생은 생리적 변화 및 신체 크기 변화가 다르게 나타나기 때문입니다. 이렇게 하루가 다르게 변하고 있는 성장기 학생들의 몸과 마음이 건강하게 자랄 수 있도록 영양소를 제공하는 것이 학교 급식의 가장 큰 목적입니다.

학교 급식은 탄수화물, 단백질, 지방 그리고 비타민, 무기질까지 각 식단의 영양량을 계산하여 제공합니다. 다량영양소인 탄수화물, 단백질, 지방의 경우 한 끼 섭취 열량 중 탄수화물 55~65퍼센트, 단백질 7~20퍼센트, 지방 15~30퍼센트 범위를 벗어나지 않도록 식단을 구성하고 있어요. 이를 통해 균형 잡힌 영양소를 섭취할 수 있는 것이랍니다. 다량영양소는 생물이 성장하고 발달하는 데 반드시 필요한 영양소라고 해서 필수영양소라고도 해요. 또 학교 급식은 친환경, 유기농, 무농약 식재료를 우선적으로 사용하고 있어요. 건강한 식재료로 균형 있는 영양소를 구성해 학생들의 성장을 돕는 것이지요. 무심코 먹어 온 급식이지만 이렇게 과학적이고 체계적이라는 점이 놀랍지 않나요.

학교 급식은 「학교급식법」, 「학교급식법 시행령」 등 관련 규정에 따라 운영되고 있습니다. 구체적이고 다양한 규정 속에서 성장하는 학생들의 건전한 심신 발달, 더 나아가 국민의 식생활이 개선될 수 있도록 합니다. 학교 급식을 통해 다양한 식재료를 경험하고 올바른 식습관을 형성하여 성인이 되어서도 건강한 식습관을 가졌으면 좋겠어요.

3 급식실에는 특별한 조리 기구가 있다고요?

식판에 담겨져 나온 급식은 익숙하지만 정작 급식을 만드는 조리실은 잘 모르지요. 많은 학생들을 위한 음식이 매일 어떻게 만들어지는 걸까요?

급식을 해야 하는 인원수가 800명인 학교의 급식을 한번 생각해 볼까요? 일단 음식량이 얼마나 될까요? 또 800명의 음식을 만들기 위해서는 몇 명의 사람이 필요할까요?

일반 가정에서는 보통 4~5명 정도가 먹는 음식을 만드는데, 800명이라면 가정에서보다 무려 160~200배에 가까운 음식을 매일 조리해야 합니다. 그럼 조리하는 인원도 160~200명이 필요할까요? 아닙니다. 학교 규모에 따라 급식 조리 종사원 인원과 관련한 규정이 있습니다. 급식 인원수가 800명이라면 5명의 조리 선생님이 배치됩니다. 5명이 800명의 음식을 준비하는 것이지요. 그렇다면 그 많은 양을 5명이라는 적은 인원이 짧은 시간 동안 어떻게 조리를 하는 것일까요?

조리실에는 많은 양을 조리하기 위한 대형 조리 기구들이 있습니다. 밥솥, 국솥, 오븐과 같은 기구뿐 아니라 주걱, 국자도 커다란 조리 기구들을 이용합니다. 몇 가지를 예로 살펴볼게요.

국솥의 지름은 성인이 양옆으로 팔을 펼쳤을 때 정도의 길이이며 높이는 여러분이 국솥 옆에 섰을 때 상체 높이까지 올라옵니다. 집에서 사용하는 솥은 양손으로 가볍게 들어 올릴 수 있지만 학교 급식용 솥은 혼자서 들 수 없을 뿐 아니라 바닥에 고정되어 있어서 움직이지 않습니다.

오븐의 크기는 어느 정도일까요? 여러분이 상상하는 오븐은 전자레인지보다 조금 크거나 그 정도의 크기일 것입니다. 학교 급식실에서 사용하는 오븐은 어른의 키보다 훨씬 크고 집에서 사용하는 냉장고보다 크기가 크답니다. 정해진 시간 내에 많은 양의 빵이나 생선 등을 구워 내려면 크기가 클 수밖에 없겠지요.

그렇다면 각종 음식을 섞거나 볶을 때 사용하는 주걱의 크기는 어떨까요? 급식실에서 사용하는 주걱의 길이는 1.2미터이고 주걱의 머리 부분은 여러분의 활짝 편 손바닥보다 큰 크기입니다. 큰 솥에 대용량의 음식을 작은 주걱으로 볶는다면 작업 효율이 떨어질 거예요. 솥의 크기만큼 주걱도 큰 것을 사용하여 작업

국솥   오븐

효율을 높인 것입니다. 국자도 마찬가지예요. 일반적으로 가정용 국자와 비교하면 가정에서 쓰는 국자가 숟가락처럼 느껴질 정도예요.

5명이라는 적은 인원이 이와 같은 조리 기구를 이용하여 제한된 시간 내에 여러분의 맛있는 점심 급식을 만들고 있는 거지요.

학교 급식은 대형 조리 도구를 사용하기에 힘도 몇 배로 듭니다. 커다란 솥에 큰 주걱을 사용하여 온 힘을 다해 볶아 내야 하거든요. 그만큼 위험에 노출되기도 쉽습니다. 큰 솥에 담긴 기름은 그만큼 튈 수 있는 면적도 더 넓어서 이로 인해 화상 사고가 발생할 수도 있어요. 대용량의 음식을 운반하다가 사고가 생길

주걱   조리실용 국자와 가정용 국자

수도 있습니다. 위험한 환경 속에서 위생에 힘쓰며 일해 주시는 조리 선생님들께 감사한 마음으로 식사하는 여러분이 되었으면 좋겠습니다.

4 비슷한 재료로 다양한 요리를 만들려면 어떻게 해야 할까요?

세상에는 수만 가지 음식이 존재합니다. 그 음식들은 들어가는 재료도 다르고 맛도 다르지요. 완전히 다른 음식일 수도 있지만 들어간 재료들을 살펴보면 비슷한 재료가 사용된 것을 경험한 적도 있을 거예요. 분명 맛이 다른 음식들인데 말이죠.

한 가지의 음식에도 다양한 식재료가 필요합니다. 그리고 같은 식재료라도 조리법을 다르게 하면 다른 음식이 됩니다. 급식에서 흔히 만날 수 있는 불고기를 예로 살펴볼게요. 불고기를 만들려면 주재료인 소고기나 돼지고기가 필요합니다. 소고기나 돼지고기를 얇게 슬라이스 형태로 잘라 사용하지요. 같이 볶아 줄 양파, 당근, 버섯, 대파와 같은 채소도 필요합니다. 양념으로 간장, 마늘, 설탕, 후추, 올리고당 등도 사용합니다. 이 재료들이 준비됐다면 프라이팬에 '볶기'라는 조리법을 이용해서 음식을 만듭니다. 따로 물을 첨가하지 않고 볶아 내는 '건열 조리법'을 통해 탄생하는 음식이지요.

그렇다면 여기서 건열 조리가 아닌 물을 첨가하여 조리하는 방법인 '습열 조리' 방법을 사용한다면 어떨까요? 바로 불고기 전골이 만들어질 거예요. 이렇듯 같은 돼지고기, 소고기여도 볶거나 삶거나 끓이거나 굽는 등 조리 방법을 달리하면 같은 재료가 다른 요리로 탄생하게 되는 것이지요.

이번엔 고기를 손질하는 방법을 바꿔 볼까요? 손톱만큼 작게 다진 고기를 사용하면 어떤 음식을 만들 수 있을까요? 다진 고기를 동그랗게 뭉쳐서 미트볼을 만들 수 있습니다. 또 다진 고기를 치대어 햄버그스테이크도 만들 수 있답니다. 이외에도 주재료는 같지만 양념류를 다르게 하면 새로운 음식이 만들어집니다. 닭고기를 고추장, 고춧가루를 이용해 조리하면 닭갈비 볶음이 만들어지고, 간장 양념을 이용하여 볶으면 닭고기 조림이 완성됩니다. 이처럼 비슷한 재료를 손질하는 방법, 조리법, 함께 사용하는 재료와 양념에 따라 수천 수만 가지 음식이 탄생할 수 있는 것입니다.

급식실에서 나온 요리들을 잘 관찰해 보세요. 그럼 여러분도 다채로운 요리를 만들 수 있을 거예요. 익숙한 재료로 여러분만의 레시피를 개발해 볼 수도 있습니다. 달걀을 이용하여 달걀 프라이, 달걀말이, 달걀찜 같은 요리부터 시도해 보는 건 어떨까요?

5 '검수'가 뭐예요?

김치의 중량을 확인하는 모습

검수된 버섯

급식실에서 음식이 완성되기까지는 많은 단계가 있답니다. 먼저 영양 선생님은 식단을 정하고 영양가(영양 상태)를 계산합니다. 계산된 영양가에 따라 식재료를 업체에 주문합니다. 업체에서는 주문서를 바탕으로 학교에 식재료를 납품합니다.

식재료는 급식 당일에 들어오며 그날 모두 사용하는 것이 원칙입니다. 식재료가 학교로 들어오면 주문한 식재료가 맞는지, 식재료의 상태가 양호한지, 소비 기한은 넉넉한지, 얼었다가 녹은 흔적은 없는지, 원산지는 어디인지, 냉장 식품은 적외선 온도

검수된 귤

계로 표면 온도를 측정했을 때 10도시(℃) 이하가 나오는지 등 식재료의 상태를 하나하나 확인하는 과정을 거칩니다. 이를 '검수'라고 부릅니다.

검수는 물리·화학적 위해 요소가 섞이지는 않았는지 또 냉장·냉동 상태로 납품되는 식품의 온도를 확인하여, 사용되는 식

재료의 안전성을 확보하기 위한 과정입니다. 마치 시험을 보는 것과 비슷하지요. 상태가 좋지 않거나 포장이 오염되어 있는 등 문제점이 발견된 식재료는 반품하고 다른 식재료를 다시 납품받습니다. 검수 과정을 통해 식재료의 안전성과 품질을 높이며 이는 학교 급식의 질과 위생에 직결되는 문제이므로 매우 중요한 단계입니다. 따라서 영양 선생님, 조리 선생님, 식재료 납품업체 기사님이 함께 확인하는 과정을 통해 안전성을 더욱 높이고 있습니다.

중요한 과정인 만큼 검수 시 꼭 지켜야 할 유의 사항이 있답니다.

첫째, 검수 시 식재료는 바닥에 내려놓지 않고 소독된 검수대 위에 올려놓습니다. 오염물질이 묻을 수 있는 바닥으로부터 위생적으로 관리하기 위함입니다.

둘째, 검수대의 형광등은 밝은 상태(조도 540럭스)를 유지합니다. 이물질이나 상태를 정확히 파악하기 위해서는 밝은 불빛이 필요합니다.

셋째, 식재료를 운송하는 차량의 내부 청결 상태 및 적정 온도 유지 여부를 확인하고 기록합니다. 신선하고 깨끗한 식재료가 오염된 차량에 의해 운반이 되면 오염 물질이 비오염 물질로 오염되는 교차 오염이 일어날 수 있습니다. 따라서 청결하고 온도 관리가 이루어지는 냉장 차량을 이용하여 납품

해야 합니다.

넷째, 외부 포장지 등의 오염 우려가 높은 것은 제거한 후 급식실로 반입합니다. 공장에서 만들어지는 완제품의 경우 박스에 넣어서 학교로 들어오는데 이때 박스는 오염 우려가 높고 먼지 등의 이물질 부착 가능성도 높습니다. 따라서 조리실에 들어오기 전 외부 포장 박스는 모두 제거하고 반입합니다.

더불어 학교 급식의 안전을 위해 검수 과정에 정기적으로 학부모님들이 참여하고 있습니다. 이처럼 많은 분들의 꼼꼼한 검수 과정을 통해 학교 급식은 품질과 안전성이 보장된답니다. 급식이 만들어지기까지 정성을 다하는 많은 분들의 노력을 생각해 보면 좋겠습니다.

6 급식을 준비할 때는 어떤 옷을 입나요?

여러분이 학교 급식을 배식 받을 때 배식해 주는 선생님들의 복장을 눈여겨본 적이 있나요? 자세히 본 적이 있다면 어떤 특징을 확인할 수 있었나요? 배식 선생님들은 위생복 위에 앞치마를 입고 장갑과 팔 토시를 착용하며, 머리카락이 보이지 않도록 모자를 쓰고 있습니다. 기침이나 재채기를 통한 세균 오염을 방지하기 위하여 마스크도 착용하고 있지요. 배식 과정에서 사람에 의해 오염될 수 있는 가능성을 최대한 차단하기 위해서 이와 같은 복장을 하고 있는 거지요.

그렇다면 조리실에서의 복장은 어떤 모습일까요? 사실 보이지 않는 곳에서는 더욱 청결에 힘쓰며 노력하고 있습니다. 조리실은 청결 구역으로서 모든 오염으로부터 철저하게 차단합니다. 따라서 조리 선생님들은 급식을 준비하기 위해 조리실에 출입할 때는 위생 장화, 위생복, 앞치마, 위생 장갑, 위생 모자, 마스크를 모두 착용한 상태로 식재료를 전처리하고 조리합니다. 전처리는 조리 전 식재료의 오염도를 판별하고 씻거나 가볍게 삶아 불순물을 제거하는 등의 과정을 말합니다.

위생복은 오염 정도를 쉽게 확인할 수 있는 흰색이나 밝은색을 착용합니다. 어두운 색의 옷은 오염 여부를 확인하기 어렵고 세탁 후에도 깨끗하게 세탁되었는지 확인이 어려우므로 밝은 색상의 옷을 착용합니다.

위생복 위에 착용하는 앞치마는 크게 전처리용, 조리용, 세척용, 배식용으로 구분할 수 있습니다. 전처리와 세척은 비교적 오염 상황에서 이루어지고, 조리와 배식은 비오염 상황에서 이루어지므로 앞치마도 구분하여 사용함으로써 교차 오염이 발생하지 않도록 합니다.

위생모는 머리카락을 모자 안쪽으로 모두 넣어 바깥으로 나오지 않도록 착용합니다. 여러분이 흔히 알고 있는 일반 캡 모자와 달리 급식실에서 착용하는 모자는 머리카락을 모두 넣을 수 있는 형태로 만들어져 있어요. 앞머리카락뿐 아니라 뒷머리카락까지 모자 속으로 넣어 혹시나 머리카락이 떨어져 음식에 들어가는 것을 방지해요. 청결하고 위생적인 복장 착용과 철저한 행동으로 깨끗한 학교 급식이 완성된답니다.

전처리실에서 식재료를 전처리하는 모습, 분홍 앞치마와 분홍 장갑을 착용한다.

마지막으로 모든 조리는 장갑을 착용하고 실시합니다. 손의
병균이 음식에 침입하지 못하도록 미리 소독해 놓은 고무장갑을
착용하고 식재료를 손질합니다. 장갑도 앞치마와 마찬가지로 전
처리용, 조리용, 세척용, 배식용을 구분하여 사용함으로써 교차
오염을 방지하고 있습니다. 장갑을 착용한 상태에서도 철저하게
손을 씻고 소독하여 식재료끼리 오염되는 것을 최소화하고 있습
니다.

위생적이고 안전한 복장만큼 중요한 것이 개인위생 관리입니

조리실에서 국솥에 식재료를 섞는 모습, 조리용 흰색 앞치마, 밝은색 장갑을 착용한다.

다. 조리 선생님들은 손 씻기를 자주 하고 맨손으로는 절대 식재료를 만지지 않습니다. 사소한 행동 하나하나도 위생적인 행동으로 습관화하여 개인위생에 의한 식품 오염이 되지 않도록 노력하고 있어요. 여러분들도 손 씻기와 같은 개인위생 행동을 습관화하여 깨끗하고 맛있는 점심시간을 맞이하는 건 어떨까요?

2

급식 안내판에 열량과
원산지 표시를 왜 하나요?

7 열량과 원산지 표시를 하는 이유는 무엇인가요?

여러분은 일반 음식점 안에 게시된 원산지 표시제 부착물을 본 적이 있나요? 음식점에서 관심 있게 봤다면 원산지 표시가 어디에, 어떻게 적혀 있는지 떠오를 거예요. 일반 음식점에서는 메뉴의 주재료와 쌀, 김치 등의 원산지를 표시하고 있습니다.

원산지 표시란 공정한 거래 질서의 확립과 생산자 및 소비자 보호를 위해 도입된 제도입니다. 해당 물품이 어떤 나라에서 재배, 사육, 제조 또는 가공된 것인지에 대해 표기하는 것입니다. 식재료의 원산지를 표시하여 소비자의 원산지에 대한 알 권리를 보장하고 소비자가 현명하고 공정한 거래를 할 수 있도록 정보를 제공합니다.

학교 급식 역시 마찬가지예요. 소비자인 학생들에게 식재료에 대한 정보를 제공함으로써 학생들의

알 권리를 보장하고자 학교 급식에서도 원산지를 표시하고 있어요.

학교 급식에서 원산지 표시를 하고 있는 식재료는 원산지 표시법에 따라 29가지입니다. 학교 급식에서 자주 만나는 소고기, 돼지고기, 닭고기, 오리고기, 낙지, 고등어, 쭈꾸미, 배추김치의 배추와 고춧가루, 쌀, 콩을 포함하여 양고기, 염소고기, 넙치, 미꾸라지, 뱀장어 등이 표시 대상입니다. '소고기-국내산 / 닭고기-국내산 / 넙치-러시아산' 하는 식이지요. 원산지 표시 게시물을 통해 우리 학교에서 사용하는 식재료의 원산지를 확인할 수 있어요.

급식실 게시판에는 영양 표시도 함께 적혀 있습니다. 한 끼 식사당 에너지, 단백질, 비타민, 칼슘 등 주요 영양소에 대한 영양량이 표시되어 있어요. '평균 필요량 / 권장 섭취량 / 주 평균 섭취량' 수치가 제시되고 그날그날 식단이 각각의 영양소를 어느 정도 포함하고 있는지를 자세히 기록해서 보여 줍니다.

복잡해 보이는 영양 표시제를 왜 실시하는 것일까요? 그 이유는 학교 급식이 교육 급식이라는 것에서 생각해 볼 수 있습니다. 먼저 영양 표시 제도를 통해 학생들의 알 권리를 보장합니다.

나아가 학생들 스스로 올바른 식사를 선택하는 능력을 기를 수 있도록 교육하려는 목적이 있습니다. 다시 말해, 학생들이 영양에 대해 관심을 가지고 스스로 식생활 관리 능력을 길러 나갈 수 있도록 정보를 제공하는 것이지요. 학교에서 제공하는 식사 속에서 어떤 영양소와 에너지를 섭취하는지 확인하고, 학교 이외의 장소에서 식사할 때도 이를 적용하여 건강한 식사를 선택하는 능력을 발휘할 수 있도록 하는 것입니다.

　　여러분은 오늘 학교 급식으로 어느 나라의 식재료를 섭취했으며, 그 영양량은 얼마였나요? 앞으로 학교 급식 게시판을 통해 식재료의 원산지와 열량을 파악함으로써 스스로의 식생활을 관리할 수 있는 학생으로 성장했으면 좋겠습니다.

8 알레르기 식품을 알려 주는 이유는 무엇인가요?

주변에 달걀이나 새우, 견과류 등을 먹으면 피부에 두드러기가 붉게 올라와 가렵거나 설사, 복통 등의 증상이 나타나는 친구들이 있을 거예요. 몸속에서 특정 음식에 대해 면역반응이 일어났기 때문입니다. 영양이 가득한 식품을 나쁜 이물질로 인식하여 과민하게 반응하는 것이지요.

일반적으로 우리 신체는 매일 먹는 식품처럼 외부에서 유입되지만 몸에 해가 되지 않는 것은 그대로 받아들입니다. 그렇지 못하고 음식을 해로운 물질로 잘못 인식하여 면역반응을 일으키는 것을 '식품 알레르기'라고 합니다. 사람마다 알레르기를 일으키는 식품이 다르고 같은 식품이라도 증상이 다르게 나타날 수 있어요. 증상으로는 피부의 두드러기가 가장 흔하며 가려움증, 기침, 천식, 설사, 후두의 부종 등이 나타날 수 있어요. 심하면 호흡 곤란과 쇼크(아나필락시스)까지 나타날 수 있습니다. 안타깝게도 식품 알레르기는 치료를 통해 완치하기는 어렵습니다.

그렇다면 식품 알레르기를 어떻게 예방할 수 있을까요? 방법은 바로 원인 식품을 정확히 알고 섭취를 철저히 제한하는 것입니다. 알레르기를 유발하는 물질을 매일의 식단에서 배제하고 식사하거나 우유가 알레르기를 일으킨다면 대신 두유를 먹는 등 대체식품을 섭취하는 것으로 예방할 수 있습니다.

학교 급식은 식품 알레르기 대상 학생들이 확인하고 먹을 수 있도록 알레르기 식재료를 표시하고 있습니다. 학교 식단표 속 메뉴의 옆에는 1부터 19까지 숫자가 쓰여 있어요. 이를테면, "1. 난류, 2. 우유, 3. 메밀 … 17. 오징어, 18. 조개류(굴, 전복, 홍합 포함), 19. 잣" 하는 식이에요. 이 숫자는 식품 알레르기 정보를 의미해요.

식단표에 알레르기 유발 물질을 숫자로 표시해 둠으로써 특정 식품에 알레르기가 있는 경우 해당 음식을 배식 받지 않도록 하는 용도로 게시하고 있는 것이지요. 예를 들면, 식단에 '새우살 달걀볶음밥(1, 2, 5, 6, 9, 13, 15, 18)'이 있다면, 해당 번호에 해당하는 알레르기 유발 물질이 포함되어 있다는 뜻이니, 자신이 이들 음식에 알레르기가 있다면 배식을 받을 때 주의해야 합니다.

병원에서 식품 알레르기를 진단받아 학교에 정보를 제출한 학생의 경우 학교에서는 식단표 속 알레르기 유발 물질 번호를 확인하고 해당 음식은 배제하고 식사를 제공하고 있습니다. 학교 급식 식단표 속 알레르기 식품 정보는 19가지에 대한 것이지만 이 외의 식품에서도 알레르기 증상이 나타날 수 있어요. 평소 자신이 어떤 식재료에 알레르기 반응이 있는지 잘 파악하고, 학교 급식을 할 때는 식단표를 꼭 확인하고 섭취하는 노력이 필요합니다.

HACCP 인증 제품이 뭐예요?

HACCP 인증 마크

여러분은 마트에서 간식을 살 때 제품의 포장지를 자세히 들여다본 적이 있나요? 포장지에는 제품을 설명하는 다양한 글과 기호 들이 있습니다. 그중에서도 흔히 볼 수 있는 표기는 HACCP 인증 마크입니다. HACCP는 Hazard Analysis and Critical Control Point의 약자로서 '식품 및 축산물 안전 관리 인증 기준'입니다. 우리는 간단히 '해썹'이라고 말합니다.

HACCP은 식품 및 축산물의 원료 생산에서부터 최종 소비자인 우리가 식품을 섭취하기 전까지 모든 단계에서 생물학적, 화학적, 물리적으로 위해한 요소가 해당 식품에 섞여 들거나 오염되는 것을 방지하기 위한 위생 관리 시스템을 말합니다. 원료의 관리부터 소비자가 소비하는 순간까지 모든 과정 속 위해 요소를 우선 파악하여 이를 개선하고 평가함으로써 위생적으로 식품을 관리하는 것입니다. 이는 이미 발생한 위해 요소를 고쳐 나가는 개념이 아니라, 미리 파악하여 대비하는 안전성, 예방성의 의미가 큰 시스템입니다. 소비자가 위생적이고 안전한 소비를 할 수 있도록 도와주는 제도인 것이지요.

이 HACCP의 유래가 매우 흥미롭습니다. 1959년 미항공우주국(NASA.나사)이 미국의 식품 회사인 필스버리(Pilsbury)사에 우주식 연구를 요청하면서 시작되었습니다. 중력이 없는 상태인 우주에서 식품 속 병원균이나 위해 요소들이 우주비행사에게 영향을 미친다면 우주인의 안전에 악영향을 끼칠 수 있기 때문입니다. 이런 문제를 사전에 예방하기 위해 우주에서 섭취할 수 있는 무균 식품을 개발하게 된 것이 HACCP 시스템의 시초가 되었습니다. 이후로 미국에서 먼저 도입되었으며 우리나라는 1995년 「식품위생법」을 개정하면서 HACCP이 도입되었답니다.

식품 중에서는 HACCP 인증을 반드시 받아야 하는 HACCP 의무 적용 식품이 있습니다. 우리나라에서는 2003년 어묵을 포함한 6종의 식품을 의무 적용 식품으로 지정하였고 점차 확대해 가고 있습니다. 2020년 12월 1일부터는 어린이 기호식품 등 8가지 유형에도 HACCP 인증이 의무 적용되었답니다. 여러분이 마트에서 자주 마주하는 음료, 초콜릿, 과자, 캔디류뿐 아니라 피자, 만두와 같은 냉동식품 그리고 아이스크림까지 모두 HACCP 의무 적용 식품입니다.

우리가 마주하는 다양한 식품이 HACCP 인증 시스템을 통해 꼼꼼하게 관리되고 있습니다. 식품 구매 시 안전한 소비가 될 수 있도록 포장지 속 HACCP 마크와 같은 인증 표시를 확인하는 습관을 들여 보는 것은 어떨까요?

10 탕후루는 간식으로 괜찮을까요?

여러분은 얼마나 자주, 어떤 음식을, 얼마만큼 간식으로 섭취하나요? 길거리를 다니다 보면 눈에 띄게 늘어난 탕후루 가게를 만날 수 있습니다. 부쩍 늘어난 가게 수에 맞게 소비하는 학생들도 큰 폭으로 늘어났습니다. 간식으로 다른 과자를 먹는 것보다 과일로 만든 탕후루를 먹는 게 낫지 않을까라는 생각도 한 번쯤 해봤을 거예요. 탕후루가 과연 영양적인 측면에서 건강한 간식일까요?

탕후루의 주재료는 과일과 설탕입니다. 설탕이 많이 들어간 간식은 피해야 한다고 자주 들었을 거예요. 설탕은 탄수화물의 한 종류로서 우리 몸에 에너지를 공급할 수 있으나 다른 영양소는 거의 없어서 엠티 칼로리(empty calories) 식품이라고 부릅니다. 탄수화물로써 1그램(g)당 4킬로칼로리(kcal)를 낼 수 있으나 성장과 발달에 필요한 무기질, 비타민 등의 함유량은 거의 없어서 엠티 칼로리, 즉 빈 영양소라고 부른답니다.

탕후루

우리 몸에 에너지를 공급하고 단맛을 제공하는 당을 많이 먹으면 어떤 증상이 나타날까요? 우선, 충치가 생깁니다. 당은 치아에 붙어서 입속 세균에게 먹이를 제공합니다. 입속 세균이 잘 자랄 수 있는 환경이 되어 충치가 생기는 것이에요. 다음으로 비만이 될 수도 있어요. 당이 몸속에 들어와 계속 누적되고 증가하면 우리 몸은 당을 지방으로 바꿔서 저장합니다. 몸속에 지방이 증가하면 점차 살이 찌게 되고 비만이 될 수 있습니다.

식품의약품안전처의 2021년 국민건강영양조사 자료에 따르면 6~18세 어린이·청소년의 3명 중 1명 이상이 세계보건기구 (WHO)의 하루 권고 기준을 초과하는 당 섭취를 하는 것으로 나타났습니다. 세계보건기구의 하루 권고 기준을 살펴보면 '가공식품으로 섭취하는 당류는 1일 총열량의 10퍼센트 미만'입니다. 이를 쉽게 설명하면 하루 2000킬로칼로리를 섭취한다고 가정할 때 무게가 3그램인 각설탕 16~17개 정도를 먹는 것과 같아요. 하루 권고 수준을 초과하여 섭취하고 있는 학생이 3명 중 1명이라니, 여러분이 이에 해당하지는 않는지 자신의 식습관을 돌아보면 좋겠습니다.

많이 먹으면 위험한 당류 섭취를 일상 속에서 줄일 수 있는 방법은 무엇이 있을까요?

첫째, 탄산음료를 대신하여 물을 마십니다. 탄산음료((500밀리리터))에는 3그램짜리 각설탕이 9~10개 들어 있습니다. 이는 세계보건기구의 하루 권고 기준의 2분의 1 수준이며 일상 식사 속에서도 당류를 섭취할 수 있기에 탄산음료보다는 물을 마시도록 노력해야 합니다.

둘째, 음료를 마실 때는 식품 포장지의 영양 정보를 확인하고 덜 단 제품을 선택합니다. 식품 포장지에는 다양한 영양 정보가 표시되어 있으니 그중 '당류' 함량을 확인하고 선택합니다.

셋째, 간식을 먹을 때는 과자 · 빵 · 떡류, 빙과류보다는 신선한 과일을 먹습니다. 신선한 과일에 첨가당인 설탕을 넣은 탕후루보다는 과일 그대로 섭취한다면 당류 섭취를 줄이고 건강한 식습관을 가질 수 있을 거예요.

11 어린이·청소년의 하루 영양량은 얼마일까요?

우리는 대개 매일 아침, 점심, 저녁 세 번의 식사를 합니다. 하루 하루 성장하는 학생들에게는 식사 시간 외에 간식도 먹으라고 권장합니다. 그렇다면 하루 세 끼 그리고 간식을 얼마만큼의 양으로 먹어야 하는 걸까요?

[표 1] 2020 한국인 영양소 섭취 기준

연령	에너지 필요 추정량 (kcal/일)		권장 식사 패턴 기준 에너지	
	남자	여자	남자	여자
1−2세	900		900A	
3−5세	1400		1400A	
6−8세	1700	1500	1900A	1700A
9−11세	2000	1800		
12−14세	2500	2000	2600A	2000A
15−18세	2700	2000		
19−29세	2600	2000	2400B	1900B
30−49세	2500	1900		
50−64세	2200	1700		
65−74세	2000	1600	2000B	1600B
75세 이상	1900	1500	1900B	1500B

〈2020 한국인 영양소 섭취 기준〉에는 에너지 필요 추정량을 제시하였습니다. 에너지 필요 추정량은 연령, 키, 몸무게, 성별, 활동량을 고려하여 계산되었습니다(표 1).

예를 들어 11세 남자라면 하루 에너지 필요 추정량은 2000킬로칼로리입니다. 에너지를 내는 탄수화물, 단백질, 지방을 골고루 섭취하여 2000킬로칼로리 정도의 영양량을 섭취하는 것입니다. 이때, 탄수화물, 단백질, 지방의 에너지 적정 비율도 충족해야 합니다. 2000킬로칼로리 기준 탄수화물 55~65퍼센트, 단백질 7~20퍼센트, 지방 15~30퍼센트 범위를 칼로리로 계산해 보면 탄수화물 1100~1300킬로칼로리, 단백질 140~400킬로칼로리, 지방 300~600킬로칼로리를 섭취하는 것입니다. 이렇게 확인하니 너무 복잡하고 어려워 보이진 않나요?

〈2020 한국인 영양소 섭취 기준〉에서는 일반인이 이해하기 쉽도록 '권장 식사 패턴'이라는 것을 개발하여 쉽게 다가갈 수 있도록 하였답니다. 권장 식사 패턴은 하루에 필요한 6개 식품군별 섭취 횟수를 제시하였고 제시된 섭취 횟수를 세 끼 식사로 배분하여 식사한다면 하루에 필요한 영양소 섭취량을 충족시킬 수 있습니다.

[표 2] 생애 주기별 권장 식사 패턴 A(우유·유제품 2회 권장 A타입)

에너지(Kcal)	곡류	고기·생선·달걀·콩류	채소류	과일류	우유·유제품	유지·당류
900	1	1.5	4	1	2	2
1000	1	1.5	4	1	2	3
1100	1.5	1.5	4	1	2	3
1200	1.5	2	5	1	2	3
1300	1.5	2	6	1	2	4
1400	2	2	6	1	2	4
1500	2	2.5	6	1	2	5
1600	2.5	2.5	6	1	2	5
1700	2.5	3	6	1	2	5
1800	3	3	6	1	2	5
1900	3	3.5	7	1	2	5
2000	3	3.5	7	2	2	6
2100	3	4	8	2	2	6
2200	3.5	4	8	2	2	6
2300	3.5	5	8	2	2	6
2400	3.5	5	8	3	2	6
2500	3.5	5.5	8	3	2	7
2600	3.5	5.5	8	4	2	8
2700	4	5.5	8	4	2	8
2800	4	6	8	4	2	8

권장 식사 패턴은 A타입과 B타입이 있습니다. A타입은 우유 · 유제품을 2회 권장하며 성장기인 유아 및 청소년 대상입니다. B타입은 우유 · 유제품을 1회 권장하며 성인을 대상으로 사용합니다. [표 1]에서 1~18세까지만 A가 표시되어 있는 것을 확인할 수 있어요.

12~14세 여아로 가정하고 식단을 구성해 볼게요. 다음 설명 순서에 따라 표에서 확인해 보세요.

1. [표 1]에서 12~14세 여자에 해당하는 권장 식사 패턴 기준 에너지는 2000A입니다.
2. 기준 에너지는 2000킬로칼로리이고 우유 · 유제품을 2회 섭취하는 A타입이에요.
3. 기준 에너지를 확인했다면 [표 2]에서 A타입의 2000킬로칼로리를 찾습니다.
4. 권장 식사 패턴은 곡류 3회, 고기 · 생선 · 달걀 · 콩류 3.5회, 채소류 7회, 과일류 2회, 우유 · 유제품류 2회입니다.

각 식품군별 횟수를 세 끼 식사 및 간식에 고루 분배하여 식사한다면 하루 2000킬로칼로리를 에너지 적정 비율에 맞추어 식사할 수 있는 것이랍니다.

이때, 각 식품군별 1회 분량에 해당하는 양이 정해져 있어요 (표 3). 고기 · 생선 · 달걀 · 콩류가 3.5회라면 아침 1회, 점심 1.5회, 저녁 1회로 하여 3끼니로 분배할 수 있습니다. 각각 섭취하는 양은 예를 들어 아침 1회 식사 시 달걀프라이 1개 60그램, 점심 1회

[표 3] 각 식품군의 대표 식품 및 1인 1회 분량

식품군	1인 1회 분량					
곡류	쌀밥 (210g)	백미 (90g)	국수(말린 것) (90g)	냉면국수 (말린 것) (90g)	가래떡 (150g)	식빵 1쪽* (35g)
고기 · 생선 · 달걀 · 콩류	쇠고기 (생 60g)	닭고기 (생 60g)	고등어 (생 70g)	대두 (20g)	두부 (80g)	달걀 (60g)
채소류	콩나물 (생 70g)	시금치 (생 70g)	배추김치 (생 40g)	오이소박이 (생 40g)	느타리버섯 (생 30g)	미역 (마른 것) (10g)
과일류	사과 (100g)	귤 (100g)	참외 (150g)	포도 (100g)	수박 (150g)	대추 (말린 것) (15g)
우유 · 유제품류	우유 (200ml)	치즈 1장+ (20g)	호상 요구르트 (100g)	액상 요구르트 (150g)	아이스크림/ 셔벗 (100g)	
유지 · 당류	콩기름 1작은술 (5g)	버터 1작은술 (5g)	마요네즈 1작은술 (5g)	커피믹스 1회 (12g)	설탕 1큰술 (10g)	꿀 1큰술 (10g)

* 표시는 0.3회, + 표시는 0.5회

식사 시 쇠고기 반찬 60그램과 두부구이 40그램, 저녁 1회 식사 시 고등어구이 70그램, 이렇게 3.5회를 나눠서 식사하라는 의미입니다.

이처럼 균형 잡힌 식사 계획을 통해서 영양이 부족하거나 과잉되지 않도록 적절한 식사를 하는 것이 중요합니다. 어른들과 함께 권장 식사 패턴을 활용한 식단을 구성하고 식사해 보는 것은 어떨까요?

3

식품 구성 자전거로 균형 잡힌 식사를 할 수 있다고요?

12 균형 잡힌 식사를 도와주는 식품 구성 자전거가 있다고요?

부모님과 선생님들은 늘 음식을 골고루 먹어야 한다고 말합니다. 과연 음식을 골고루 먹어야 하는 이유가 무엇일까요?

음식이라는 것은 많은 영양소를 포함하고 있습니다. 쌀에는 탄수화물이라는 다량영양소와 필수아미노산인 메티오닌이 풍부하게 들어 있습니다. 반면 필수아미노산인 라이신은 비교적 적게 들어 있어요. 밥을 지을 때 함께 넣기도 하는 콩에는 라이신이 풍부하고 메티오닌은 적게 들어 있습니다. 따라서 콩과 쌀을 이용하여 콩밥을 만들어 먹으면 콩과 쌀 각자의 부족한 영양소를 서로서로 채워 줍니다. 흰쌀밥 대신 콩밥을 먹음으로써 영양가를 높인 식사를 완성할 수 있는 것이에요.

우리는 공부하고, 놀고, 움직일 수 있는 힘을 음식으로부터 얻을 수 있어요. 음식을 통해 에너지를 얻고 성장에 필요한 비타민이나 무기질을 얻는 거예요. 그래서 영양소를 골고루 섭취할 수 있도록 한 끼 식사의 조합이 중요합니다. 한 끼 식사의 조합을

[고기, 생선, 달걀, 콩류]

[곡류]

[유지, 당류]

[우유, 유제품류]

[과일류]

[채소류]

이해하기 쉽고 한눈에 알아볼 수 있도록 보건복지부에서는 식품 구성 자전거를 제작하여 배포하였어요. 식품 구성 자전거는 권장 식사 패턴을 반영한 식품 모형입니다.

식품 구성 자전거는 크게 3가지로 구분해서 확인할 수 있어 요. 첫째, 자전거의 뒷바퀴인 '균형 잡힌 식단'입니다. 자전거의 뒷바퀴를 보면 크게 6가지로 구분된 것을 볼 수 있어요. 6가지의 식품군이 모두 다른 면적을 가지는데 이는 각 식품군별로 먹어야 하는 양을 비율로 나타낸 것입니다. 6개의 식품군인 신선한 채소, 과일과 함께 곡류, 고기 · 생선 · 달걀 · 콩류, 우유 · 유제품류, 유지 · 당류 식품을 필요한 만큼 매일 균형 있게 섭취하는 것을 의미해요.

곡류부터 살펴보면 현미밥, 쌀밥, 떡, 국수, 감자, 고구마 등으로 구성되어 있습니다. 이는 영양소 중 탄수화물을 의미하며 우리 몸이 힘을 낼 수 있도록 도와주는 영양소입니다. 고기 · 생선 · 달걀 · 콩류에는 소고기, 돼지고기, 닭고기, 고등어, 오징어, 달걀, 완두콩, 두부, 호두 등이 해당합니다. 이는 주로 단백질 공급원으로 면역력과 근육 생성에 필요한 영양소입니다.

채소류 · 과일류에는 당근, 오이, 브로콜리, 수박, 딸기, 사과 등이 해당합니다. 채소와 과일에는 비타민과 무기질이 풍부하게 들어 있어요. 비타민과 무기질은 성장에도 필요하고 평소 신체 활동에 사용됩니다.

우유 · 유제품류는 우유, 치즈, 요구르트 등이 있습니다. 우유와 유제품군 섭취를 통해 뼈 성장에 필요한 칼슘을 공급받을 수 있어요. 마지막으로 유지 · 당류에는 설탕, 콩기름, 버터 등이 포함됩니다. 이는 평소에 먹는 모든 음식에 설탕, 기름 등을 첨가하므로 따로 챙겨 먹지 않아도 된답니다. 이처럼 큰 뒷바퀴는 균형 있는 식사를 강조하고 있습니다.

둘째, 자전거의 앞바퀴인 '충분한 물 섭취'입니다. 물은 우리 몸의 약 60퍼센트가량을 차지하며 땀이나 소변 등으로 배출되기에 지속적으로 섭취해 주는 것이 중요합니다. 물 섭취도 균형 잡힌 식사와 함께 중요한 부분이므로 자전거의 앞바퀴에 표현하였어요.

마지막으로 '규칙적인 운동을 통한 건강 체중의 유지'입니다. 식품 구성 자전거 모형을 보면 자전거에 앉아서 페달을 굴리는 사람이 있습니다. 이는 6가지 식품군, 물 섭취와 함께 규칙적인 운동을 통해서 건강한 체중을 유지하는 것이 중요하다는 것을 의미합니다.

식품 구성 자전거의 의미를 알고 6가지 식품군의 고른 섭취와 충분한 물 섭취 그리고 규칙적인 운동까지 한다면 더욱 건강하게 성장할 수 있을 것입니다.

13 왜 급식에는 매일 김치류가 나오는 걸까요?

반찬통의 김치

여러분이 학교에서 먹고 있는 점심 식사의 식판을 떠올려 볼까요. 밥, 국, 고기반찬, 채소 반찬, 후식 그리고 김치로 구성된 식판이 생각나나요? 왜 매일 김치가 나오는 것일까라는 궁금증을 한번쯤 가져 봤을 거예요. 싫어하는 채소 반찬, 매운 김치보다는 학생들이 좋아하는 음식만 잔뜩 나오면 남김없이 잘 먹을 텐데 말이죠.

 사실 우리가 경험하는 학교 급식은 단순히 밥을 제공하는 데만 목적이 있는 것이 아니라 더 다양한 교육적 의미를 가지고 있

매일 나오는 김치

습니다. 학교 급식은 「학교급식법」이라는 법령에 의거하여 운영되고 있어요. 법에 따르면 '학교 급식에서는 학생들의 올바른 식생활 습관의 형성, 식량 생산 및 소비에 관한 이해 증진 및 전통 식문화의 계승·발전을 위하여 학생에게 식생활 관련 교육 및 지

도를 해야 한다'고 기재되어 있습니다. 여기서 매일 김치류가 나오는 이유를 찾아볼 수 있어요. 김치는 대한민국의 전통 음식 중 하나로 이를 계승, 발전시키는 의미로 학교 급식에서 매일 제공하고 있답니다.

또한 김치는 다양한 유산균과 비타민, 식이섬유 등이 함유되어 있어서 건강에도 좋기 때문이에요. 잘 발효된 김치에는 젖산균(유산균)이 풍부하여 같은 무게의 요구르트보다 약 4배 정도를 함유하고 있습니다. 배추, 무, 오이 등 다양한 식재료로 만드는 김치는 대한민국의 자랑스러운 전통 식품이에요. 그래서 김치의 가치와 우수성을 알리기 위해 11월 22일을 김치의 날로 정했답니다.

11월 22일이 김치의 날로 정해진 것은 김치 재료 하나하나(11월)가 모여 22가지(22일)의 효능을 나타낸다는 의미를 담고 있어요. 이런 이유로 학교 급식에서는 배추김치, 총각김치, 깍두기, 나박김치, 오이김치, 깻잎김치 등 다양한 종류의 김치를 매일 제공하고 있습니다. 각각의 재료마다 다른 맛과 식감을 가지고 있는 김치의 우수성을 생각하며 먹어 보는 것도 좋겠습니다.

14 급식에 나오는 음식을 골고루 다 먹어야 한다고요?

우리는 기본적으로 하루에 세 끼의 식사를 합니다. 아침에 눈떠서 식사를 하고, 학교에서 점심 식사를 합니다. 하교 후 간단한 간식을 먹고 저녁에는 저녁 식사를 하지요. 하루 세 끼 그리고 간식으로 충전하는 에너지는 우리 몸속에서 다양하게 사용됩니다.

우리의 몸은 가만히 있어도 에너지를 소비합니다. 생명을 유지하기 위해서는 최소한의 에너지가 필요한데, 이를 '기초대사량'이라고 합니다. 숨을 쉬고 기초 체온을 유지하고 혈액을 만드는 것 등이 이에 해당하지요. 말을 하거나 걷지 않고 가만히 있어도 우리 몸은 지속적으로 에너지를 소모하고 있습니다.

우리는 하루 종일 어떠한 형태로든 동작을 합니다. 심지어 잠을 잘 때도 이리저리 뒤척이는 활동을 하지요. 그렇다면 일부러 걷거나 뛰거나 공부할 때 사용하는 에너지는 무엇일까요? 이를 '신체 활동 대사량'이라고 부릅니다. 신체를 움직이면 소모되는 에너지를 의미합니다. 책을 읽거나 공부할 때, 친구와 수다를 떨

급식실 배식대 위의 음식들

거나 놀 때 등 요구되는 에너지가 바로 신체 활동 대사량입니다. 이 외에도 음식을 먹고 난 후 식품 속 영양소의 소화, 흡수, 운반, 저장되는 과정에서 필요한 에너지를 의미하는 '식사성 발열 효과'까지 합쳐서 '1일 총에너지 소비량'이라고 부릅니다.

1일 총에너지 소비량은 개인마다 다를 수밖에 없습니다. 사람마다 기초대사량이 다르고 활동하는 정도도 다르기 때문입니다. 따라서 다양한 조사와 연구를 통해 집단에 적용할 수 있는 '에너지 필요 추정량'이라는 개념을 제시했습니다. 에너지 필요 추정량은 연령, 신체 활동 정도, 체중, 신장 등을 정해진 공식에 대입하여 계산할 수 있습니다. 아동·청소년의 에너지 필요 추정량은 에너지 소비량에다 성장에 필요한 에너지인 25킬로칼로리를 더하여 산출하였습니다. 이렇게 산출된 하루 에너지 필요 추정량을 기준으로 3분의 1 정도에 해당하는 열량을 학교 급식에서 제공하고 있는 것입니다.

영양 선생님은 〈2020 한국인 영양소 섭취 기준〉에서 제시하고 있는 에너지 필요 추정량을 비롯하여 탄수화물, 단백질, 지방, 비타민 A, 티아민, 리보플라빈, 나트륨, 칼슘, 철과 같은 다양한 영양소들의 기준량을 준수하면서 식단을 구성합니다. 탄수화물,

단백질, 지방의 경우 에너지 적정 섭취 비율인 탄수화물 55~65 퍼센트, 단백질 7~20퍼센트, 지방 15~30퍼센트도 준수하고 있답니다.

학교 급식은 하루가 다르게 성장하고 있는 학생들에게 필요한 영양소를 충족시키고 다양한 식재료를 경험할 수 있도록 구성되어 있습니다. 또한 학교 급식의 식재료는 친환경 식재료의 사용을 우선으로 하고 있습니다. 안전하고 질 높은 식재료를 사용함으로써 학생들에게 믿고 먹을 수 있는 급식을 제공하고 있는 것이지요. 건강하고 안전한 학교 급식, 앞으로 골고루 모두 먹을 수 있도록 노력해 보아요.

15 급식실에서는 왜 매일 그날 음식을 냉동 보관하나요?

학교 급식에서는 그날 들어온 식재료는 그날 다 사용하고 있어요. 학교 급식에서 사용하는 농산물, 축산물, 수산물 등 그날 들어온 식재료는 모두 당일에 사용하는 것을 원칙으로 하고 있거든요. 매일 아침 신선한 식재료를 납품받고, 위생적인 환경에서 조리를 하여 학생들에게 제공하는 것이지요.

학교 급식 재료들은 신선한 상태로 들어왔기에 며칠 동안 보관한다고 해서 바로 상하거나 무르는 일은 드물 거예요. 하지만 위생과 안전을 위해 혹시나 생길 수 있는 식중독에 대비하여 당일 입고, 당일 소진을 실천하고 있는 것이랍니다.

오랫동안 식재료를 보관하는 과정에서 고기와 같은 날것과 생으로 제공하는 과일류 등을 함께 넣어 둔다면 교차 오염이 일어날 수 있어요. 고기와 같은 날것은 세균에 쉽게 오염됩니다. 이런 날고기를 비교적 오염도가 적은 과일류와 함께 보관한다면 고기의 세균이 과일로 옮겨갈 수 있는 것이지요.

식재료를 빠르게 소비하는 것도 중요하지만 보관하는 환경도 매우 중요하답니다. 아침에 검수를 통해 식재료가 학교로 들어오면 조리에 들어가기 전까지 잠깐의 시간이 생깁니다. 이 시간 동안 각각의 식재료는 저장 방법에 맞게 보관을 하고 있어요. 냉장고에 보관해야 하는 식재료는 냉장고에, 얼려 두어야 하는 식재료는 냉동고에 보관을 합니다. 이때도 교차 오염을 방지하기 위하여 냉장고 내에서 날 음식은 하단에, 채소류나 전처리된 식재료는 상단에 보관합니다. 당일 모두 사용하더라도 교차 오염 방지를 실천함으로써 식중독을 예방하기 위해서예요.

식재료를 철저히 관리했다면 조리하는 과정도 중요합니다. 채소류는 채소류 전용 초록색 칼과 도마를, 고기류는 파란색 칼과 도마를, 김치류는 빨간색 칼과 도마를 사용하여 식재료 간 오염이 되지 않도록 관리한답니다.

급식실에서는 모든 식재료와 조리 과정에서 위생을 최우선으로 생각하지만, 가끔 학교 급식에서 식중독이 발생하기도 합니다. 학교에서 식중독이 발생했을 때 그 원인을 규명하기 위하여 학교 급식실에서는 그날의 식단에 쓰인 음식을 각각 1인분씩 소분하여 냉동 보관하고 있습니다. 그날의 식단만을 얼려 두는 전

보존식 냉동고

보존식 보관 용기

보존식 1인 분량

용 냉동고도 따로 있어요. 이를 '보존식 냉동고'라고 부르며 1인 분씩 소분하여 보관하는 음식을 '보존식'이라고 부릅니다. 혹시나 식중독 사고가 발생한다면 얼려 둔 음식을 역학적으로 조사하여 식중독 발생 원인을 찾아낼 수 있어요.

보존식을 보관하는 것에도 규칙이 있습니다. 첫째, 144시간(6일) 이상 보관합니다. 식중독균의 종류에 따라 식중독을 일으키는 시기가 다르기 때문에 꼭 그날이 아니라도 며칠 지나서 식중독 증상이 나타날 수 있습니다. 그래서 6일 정도 보관하여 혹시나 생길 수 있는 학생들의 증상을 살피는 것입니다. 둘째, 온도가 영하 18도시 이하인 냉동고에 보관해야 합니다. 보관하는 동안 부패를 막기 위하여 미생물의 증식이 어렵도록 얼려 두는 것이지요. 이와 같이 급식실에서는 위생 관리를 철저히 하고, 혹시 생길 수 있는 문제에 대해서도 대비하고 있답니다.

16 어린이·청소년을 위한 식생활 지침이 있다고요?

여러분의 키는 작년과 비교했을 때 얼마나 자랐나요? 여러분과 같이 성장기에 있는 학생들은 하루하루 키, 체중 등 신체가 성장하고 있어요. 이 시기의 학생들은 고른 영양소 섭취와 운동을 통해 건강한 성장이 이루어질 수 있도록 해야 합니다.

보건복지부에서는 성장기의 학생들에게 바람직한 식습관과 생활 습관을 제시하고 일상 속에서 쉽게 실천할 수 있도록 식생활 지침을 정하여 알리고 있답니다.

[어린이를 위한 식생활 지침]

● 음식은 다양하게 골고루

1. 편식하지 않고 골고루 먹습니다.
2. 끼니마다 다양한 채소 반찬을 먹습니다.
3. 생선, 살코기, 콩 제품, 달걀 등 단백질 식품을 매일 한 번 이상 먹습니다.
4. 우유를 매일 두 컵 정도 마십니다.

● 많이 움직이고, 먹는 양은 알맞게

1. 매일 한 시간 이상 적극적으로 신체 활동을 합니다.

2. 나이에 맞는 키와 몸무게를 알아서 표준 체형을 유지합니다.

3. TV 시청과 컴퓨터 게임을 모두 합해서 하루에 두 시간 이내로 제한합니다.

4. 식사와 간식은 적당한 양을 규칙적으로 먹습니다.

● 식사는 제때에, 싱겁게

1. 아침 식사는 꼭 먹습니다.

2. 음식은 천천히 꼭꼭 씹어 먹습니다.

3. 짠 음식, 단 음식, 기름진 음식을 적게 먹습니다.

● 간식은 안전하고, 슬기롭게

1. 간식으로는 신선한 과일과 우유 등을 먹습니다.

2. 과자나 탄산음료 · 패스트푸드를 자주 먹지 않습니다.

3. 불량식품을 구별할 줄 알고 먹지 않으려고 노력합니다.

4. 식품의 영양 표시와 유통 기한을 확인하고 선택합니다.

● 식사는 가족과 함께 예의 바르게

1. 가족과 함께 식사하도록 노력합니다.

2. 음식을 먹기 전에 반드시 손을 씻습니다.

3. 음식은 바른 자세로 앉아서 감사한 마음으로 먹습니다.

4. 음식은 먹을 만큼 담아서 먹고 남기지 않습니다.

[청소년을 위한 식생활 지침]

● 각 식품군을 매일 골고루 먹자

1. 밥과 다양한 채소, 생선, 육류를 포함하는 반찬을 골고루 매일 먹습니다.
2. 간식으로는 신선한 과일을 주로 먹습니다.
3. 우유를 매일 2컵 이상 마십니다.

● 짠 음식과 기름진 음식을 적게 먹자

1. 짠 음식, 짠 국물을 적게 먹습니다.
2. 인스턴트 음식을 적게 먹습니다.
3. 튀긴 음식과 패스트푸드를 적게 먹습니다.

● 건강 체중을 바로 알고, 알맞게 먹자

1. 내 키에 따른 건강 체중을 압니다.
2. 매일 한 시간 이상 적극적으로 신체 활동을 합니다.
3. 무리한 다이어트를 하지 않습니다.
4. TV 시청과 컴퓨터 게임을 모두 합해서 하루에 두 시간 이내로 제한합니다.

● 물이 아닌 음료를 적게 마시자

1. 물을 자주 충분히 마십니다.
2. 탄산음료, 가당 음료를 적게 마십니다.
3. 술을 절대 마시지 않습니다.

● 식사를 거르거나 과식하지 말자

1. 아침 식사를 거르지 않습니다.
2. 식사는 제시간에 천천히 먹습니다.
3. 배가 고프더라도 한꺼번에 많이 먹지 않습니다.

● 위생적인 음식을 선택하자

1. 불량식품을 먹지 않습니다.
2. 식품의 영양 표시와 유통기한을 확인하고 선택합니다.

어떤가요? 식생활 지침은 여러분이 쉽게 이해하고 실천할 수 있도록 작성되었습니다. 실제 어린이·청소년들에게 나타나는 식생활 습관을 조사하여 개선될 필요성이 있는 내용들로 구성되어 있어요. 편식하지 않고 골고루 먹기, 과자나 탄산음료·패스트푸드를 자주 먹지 않기, 음식을 먹기 전에 반드시 손 씻기 등을 쉽고 간단하게 제시하여 평소의 식습관을 조금씩 개선할 수 있도록 했어요.

어린이·청소년 외에도 임신·수유부, 영유아, 성인, 노인의 생애 주기별로 나타날 수 있는 영양 문제를 반영한 식생활 지침도 있습니다. 국민의 건강과 먹거리 문제를 관리하는 정부 기관인 보건복지부, 농림축산식품부, 식품의약품안전처에서는 2021년 〈한국인을 위한 식생활 지침〉을 발표하였답니다.

　〈한국인을 위한 식생활 지침〉은 크게 3가지로 식품 및 영양 섭취, 식생활 습관, 식생활 문화로 구성되었으며 각각 하위 항목을 가지고 있습니다.

● **식품 및 영양 섭취**

1. 매일 신선한 채소, 과일과 함께 곡류, 고기·생선·달걀·콩류, 우유·유제품을 균형 있게 먹자.
2. 덜 짜게, 덜 달게, 덜 기름지게 먹자.
3. 물을 충분히 마시자.

● **식생활 습관**

4. 과식을 피하고, 활동량을 늘려서 건강 체중을 유지하자.
5. 아침 식사를 꼭 하자.
6. 음식은 위생적으로, 필요한 만큼만 마련하자.

● **식생활 문화**

7. 음식을 먹을 땐 각자 덜어 먹기를 실천하자.
8. 술은 절제하자.

9. 우리 지역 식재료와 환경을 생각하는 식생활을 즐기자.

    〈한국인을 위한 식생활 지침〉을 살펴보면 최근 증가하고 있는 비만, 고나트륨·고당·고지방 섭취 등의 문제점을 해결해 나가기 위해 '덜 짜게, 덜 달게, 덜 기름지게 먹자.', '과식을 피하고, 활동량을 늘려서 건강 체중을 유지하자.'와 같은 식생활 지침을 제시하였답니다.

    지난 몇 년간 코로나19라는 감염병이 크게 유행하면서 사람들의 신체 활동량이 많이 줄었습니다. 그 결과 국민의 비만율이 크게 증가하였습니다. 나와 우리 가족, 나의 친구가 모두 건강할 수 있도록 함께 식생활 지침을 읽어 보며 올바른 식생활 습관을 찾아가는 건 어떨까요?

17 10월 14일이 '영양의 날'이라고요?

우리는 매일 다양한 음식을 접하고 있습니다. 밥과 국 그리고 다양한 반찬을 통해 먹는 즐거움을 얻고 우리 몸에 필요한 영양소를 채워 나가고 있어요. 음식을 눈으로 보고 코로 냄새를 맡으면 그 맛이 상상되며 침이 고이기도 하지요.

그렇다면 한 끼 식사 속에서 어떤 영양소를 얼마나 섭취하고 있는지, 균형 있는 섭취가 이루어지고 있을지 생각하며 식사를 해 본 적이 있나요? 다행히 여러분과 같은 학생들은 학교 급식을 통해 성장에 필요한 영양소가 균형 있게 짜인 식단을 제공받고 있습니다. 영양 소식지나 영양 교육, 영양 표시 게시물을 통해 식단 정보도 얻고 있어요. 어떤 영양소를 무슨 음식을 통해 섭취할까를 크게 고민하지 않아도 매일 한 끼는 영양가 있는 식사가 가능하지요. 하지만 학교 급식을 더 이상 제공받지 못하는 시기인 성인이 된다면 달라질 거예요.

졸업 후 성인이 되었을 때를 상상해 보세요. 어쩌면 매번 내가 먹고 싶은 음식을 선택해서 먹을 수 있다는 것에 기대감이 생길지도 몰라요. 매일 먹어도 질리지 않을 것 같은 떡볶이, 마라탕 같은 음식을 자주 먹을 수 있을 테니까요. 하지만 그렇게 좋아하는 음식만 먹다가는 영양적 균형은 지속적으로 무너져 갈 것입니다.

국민의 영양적 불균형을 예방하기 위해 학교 급식을 제공받는 학생뿐만 아니라 자신의 식생활을 스스로 꾸려야 할 성인기, 몸의 노화가 급격히 진행되는 노인기까지의 온 국민이 생애 주기에 맞게 균형 잡힌 식생활을 할 수 있도록 홍보하고자 10월 14일을 '영양의 날'로 제정하였습니다.

영양의 날은 2007년 우리나라 영양 관련 단체 5곳(대한영양사협회, 한국영양학회, 대한지역사회영양학회, 한국식품영양과학회, 한국임상영양학회)이 공동으로 제정하였습니다. 국민이 균형 잡힌 식생활을 통해 건강한 삶을 유지할 수 있도록 건강한 식생활에 대한 이해와 관심을 고취시키는 데 목적을 두고 있습니다.

그렇다면 10월 14일이 영양의 날이 된 이유는 무엇일까요? 올바른 식사는 건강한 삶을 유지하는 데 기본이 된다는 의미에서 친숙한 단어인 식사(食事)의 이미지가 떠오르는 10월 14일이 영양의 날이 되었답니다.

2023년 10월 14일은 17번째 맞이하는 영양의 날이었어요. 2007년 첫해에는 한국인의 높은 나트륨 섭취량을 반영하여 '소금 섭취 줄이기'를 주제로 캠페인을 진행하였습니다. 2023년에는 '영양·식생활 개선 및 국민 건강 증진을 위한 영양의 날 정착 방안'이라는 주제로 토론회를 개최하였어요. 어린이급식지원센터, 사회복지센터, 병원, 보건소, 단체 급식소, 학교 등에서는 저염 식단, 저당 관리, 비만과 같은 다양한 주제로 체험 활동을 진행하고 교육 자료 및 홍보 자료를 제작하여 국민의 식습관 개선에 기여하였답니다. 이와 같은 프로그램을 통해 매년 나타나는 영양 관련 문제를 해결해 나가고자 노력하는 날이 바로 영양의 날이에요.

어린 시절 자리 잡힌 식생활 습관은 어른이 되어서는 바꾸기 어렵습니다. 영양의 날을 기억하며 평소에 패스트푸드를 자주 먹고 있지 않는지, 편식이 심한 편은 아닌지, 나트륨이나 당류 섭취량이 많지는 않은지 자신의 식생활 습관을 되돌아보고 앞으로의 건강한 삶을 향해 한 걸음씩 나아가면 좋겠습니다.

4

친환경 급식이 왜 필요한가요?

18 학교 급식 메뉴를 학생들이 직접 결정할 수도 있다고요?

여러분이 먹고 싶은 급식 메뉴는 무엇인가요? 불고기, 피자, 김밥, 라면, 햄버거 등 참 많은 음식이 있을 것 같습니다. 최근에는 학교 실정에 맞춰 학생들이 직접 급식 메뉴를 결정하는 일이 많아지고 있답니다.

하지만 학생들의 의견이 다 반영되지 못하는 경우도 있습니다. 최상급 한우, 김밥, 간장게장 등과 같이 급식에서 다루기 어려운 재료나 음식이 있기 때문이에요. 최상급 한우는 정해진 예산 범위를 훌쩍 뛰어넘는 문제가 있어요. 김밥 같은 경우 조리사 몇 분이 수백 명이 넘는 학생의 김밥을 싸는 것이 힘들 뿐만 아니라 집단 식중독 등이 발생할 문제가 있기 때문이에요. 더불어 「학교급식법」에는 회 같은 날 음식을 제공하지 못한다는 규정이 있는데, 간장게장도 이 규정에 해당돼 급식으로 제공할 수 없어요. 바로 이런 원칙들을 고려하면서 새로운 가능성을 모색하고 있습니다.

전국의 많은 학교에서는 학생들이 중심이 되어 급식 메뉴를 정하며 새로운 급식 문화를 만들어 가고 있답니다. 학생자치회가 중심이 되어서 학생들이 직접 건강과 예산 등을 고려해서 영양 선생님과 함께 급식 메뉴를 투표로 정하고 있거든요. 이를 위해 학급회의 시간에 학급별로 좋아하는 메뉴에 대한 의견을 모읍니다. 이렇게 반마다 모은 의견을 전교 학생 자치 회의에서 의논하여 최종 메뉴 후보를 정하는 것입니다. 실제 이 과정에서 학생뿐 아니라 선생님과 학부모도 학생들이 좋아하는 음식 메뉴를 알게 되고, 또 급식을 어떻게 먹고 나누면 좋을지 함께 생각해 볼 수 있답니다.

서울 한 초등학교에서 있었던 급식 메뉴 선정 회의 현장을 한번 볼까요. 학생들이 가장 원하는 급식 메뉴는 로제 떡볶이, 푸딩, 오레오 츄러스, 아이스크림, 피자, 치킨 6개로 후보가 좁혀졌습니다. 전교 학생회에서는 최종 투표 진행을 위해 투표판을 만들어 원하는 메뉴에 스티커를 붙이도록 했습니다. 최종 투표 결과 로제 떡볶이, 아이스크림, 오레오 츄러스가 선정되어 실제 급식에서 학생들은 이 음식들을 맛있게 먹었답니다.

학생들이 직접 급식 메뉴 후보를 선정하고 자신이 원하는 음

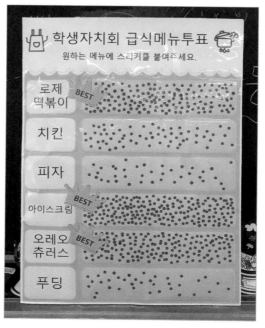

급식 메뉴 선정 회의 결과

식에 투표하고, 그 결과가 급식 식단에 반영되는 과정은 살아 있는 학생 자치 활동 사례로 손꼽히고 있습니다. 학생들은 스스로 정한 메뉴를 맛보면서 뿌듯함을 느끼고 생활 속 민주주의의 중요성도 몸소 체험할 수 있었답니다. 여러분이라면 어떤 급식 메뉴를 추천하고 싶은지 생각해 보세요.

19 학교 급식이 차별을 막는 데 도움을 준다고요?

학교 급식은 학교와 학생에게만 영향을 줄 것 같습니다. 특히 학생들의 건강하고만 관련된다고 생각하기 쉽지요. 그런데 학교 급식은 지역과 세계에도 다양한 방면에서 큰 영향을 줍니다.

2023년 이탈리아 로마에서 열린 '유엔 식량 체계 정상회의'에서는 학교 급식이 중요한 주제로 다뤄졌습니다. 매일 학생에게 급식을 제공하는 것은 학생은 물론 사회 전체와 세계의 식량 공급 체계에도 큰 의미가 있기 때문입니다. 무엇보다 학교 급식은 미래 세대인 어린이, 청소년을 위해 전 세계가 제공할 수 있는 가장 큰 사회 안전망이기도 합니다. 또 학교 급식은 세계의 식량 문제를 해결하는 데에도 중요한 역할을 합니다.

여전히 지구촌 곳곳에서는 많은 사람들이 기아와 영양실조로 고통 받고 있습니다. 특히, 아프리카나 아시아 등의 저소득 국가에서는 가뭄이나 전쟁, 질병 등으로 인해 식량이 부족합니다. 이런 상황에서 학교 급식은 매일 학생들에게 건강한 식사를 제공함으로써 식량난을 완화하고, 학생들과 지역 사람들의 생존을 보장합니다.

또한, 학교 급식은 농어촌을 발전시키고, 일자리도 만듭니다. 학교 급식은 지역의 농수산물을 구매함으로써 농부와 어부의 소득을 높여 줍니다. 농부와 어부가 자신이 살고 있는 곳의 자연환경과 농작물 등에 대해 더 잘 알고 있기에, 적절한 관리와 수확을 할 수 있게 합니다. 이렇게 학교 급식은 농업과 어업의 생산성과 효율성을 높이고, 농어촌 사회의 경제적 안정을 가져옵니다.

유엔 세계식량계획(WFP)에서는 학교 급식 프로그램 덕분에 85개국에서 약 400만 개의 일자리가 만들어졌다고 발표했습니다. 이는 10만 명의 학생에게 급식을 제공할 때마다 1377개의 일자리가 생기는 셈이라고 합니다.

학교 급식은 교육 환경을 개선하고, 불평등을 줄여 줍니다. 놀랍게도 학생들의 학업 성취도와 출석률을 높여 주기도 합니다. 학생들에게 필요한 에너지와 영양을 공급함으로써 학습 능력과 집중력을 높여 줍니다. 학교 급식은 학생들이 학교에 다니는 동기를 부여합니다. 학생들에게 맛있고 풍부한 식사를 제공함으로써 학교에 대한 만족도와 흥미를 높여 주는 것이지요.

학교 급식은 교육의 기회를 공평하게 제공합니다. 학교 급식은 가난한 가정이나 여성, 소수 민족 등의 취약 계층에게 교육의 접근성을 높여 줍니다. 학교 급식은 학생들의 식비를 절감하여 그 비용이 학비나 교재비에 쓰일 수 있도록 하면서 학부모의 경제적 부담을 줄여 줍니다.

또 학교 급식은 여학생이 성장기에 필요한 철분이나 칼슘 등을 섭취하게 하고, 임신이나 결혼 등으로 인한 학업 중단을 방지함으로써 여성의 교육 참여를 높여 줍니다. 세계식량계획의 자료를 보면, 아프리카의 말라위에서 기근이 가장 심각한 지역에 급식 프로그램을 도입한 이후인 2019년에는 여학생의 학업 중단율이 15.6퍼센트에서 5.2퍼센트로 급격하게 낮아졌습니다. 마다가스카르의 경우, 세계식량계획이 지원하는 급식 프로그램을 공립 학교의 23퍼센트까지 확대한 이후 출석률이 한 해 전 67퍼센트에서 76퍼센트로 크게 높아졌습니다. 이처럼 학교 급식은 교육 환경을 개선하고, 불평등을 줄여 주는 데에도 도움이 됩니다.

더불어 학교 급식은 기후 변화에 직면한 농어촌 사회에 탄력성을 제공할 잠재력도 아주 큽니다. 학교 급식은 사회 경제적으로 큰 중요성을 가질 뿐만 아니라 지구 환경을 위해서도 매우 중요하기 때문입니다. 실제로 아프리카의 경우, 학교 급식이 학생들뿐만 아니라 가족, 지역 사회에 식량을 제공하고 또 식량을 함께 만들어 가는 역할을 하고 있습니다.

무엇보다 학교 급식은 미래 세대인
어린이, 청소년을 위해 전 세계가 제공할 수
있는 가장 큰 사회 안전망이기도 합니다.
또 학교 급식은 세계의 식량 문제를 해결하는
데에 중요한 역할을 합니다.

20 친환경 학교 급식이 왜 필요한가요?

학교에서 매일 먹는 급식은 우리에게 어떤 의미가 있을까요? 급식은 단순히 배부르게 해 주는 것만이 아니라, 우리의 몸과 마음을 키워 주는 중요한 식사입니다. 또한, 우리가 먹는 급식은 우리가 살고 있는 지구에도 영향을 줍니다.

친환경 급식은 농약이나 비료, 합성 보존료 등의 인공 물질을 사용하지 않고, 자연스럽게 재배하거나 가공한 식재료를 사용하는 급식을 말합니다. 친환경 급식은 일반 급식보다 영양소가 풍부하고 균형 잡혀 있어 학생들의 면역력과 학습 능력을 높이면서 학생들의 건강한 성장과 발달을 도와줍니다.

친환경 급식은 환경을 보호하는 데에도 큰 역할을 합니다. 친환경 식재료는 농약이나 비료, 합성 보존료 등의 인공 물질을 사용하지 않기 때문에, 토양이나 물, 공기 등의 환경오염을 줄여 줍니다. 지역의 농산물을 구매하고, 재활용이나 분리수거 등의 방법으로 폐기물을 줄입니다. 이는 에너지 소모와 온실가스 배출을

급식에 사용되는 무농약 농산물인 차조(조의 한 종류)

미래 세대를 위한 지구를 살리는 급식 이야기

유기농 마크   무농약 마크

감소시키면서 지구의 자원과 생태계를 보존하는 일과도 관계됩니다. 이로 인해 친환경 학교 급식은 우리나라뿐 아니라 전 세계적으로 크게 확산되고 있습니다. 친환경 급식은 사람들의 몸과 마음 또는 지구의 미래를 위한 선택입니다.

시장에서 채소를 살 때 '무농약', '유기농'이라고 쓰인 마크 표시가 부착된 것을 봤을 텐데요. 해당 제품이 친환경 방식으로 재배되고 생산되었다는 것을 증명하는 표시입니다. 이런 친환경 인증 제도는 소비자에게 보다 안전한 친환경 농산물을 구입할 수 있도록 정부가 그 안전성을 인증해 주는 제도입니다. 유기 합성 농약과 화학 비료의 사용 여부가 검사 기준입니다.

21 제철 음식이 건강과 환경을 살린다고요?

한겨울인데도 딸기를 먹을 수 있고, 여름에도 귤을 먹을 수 있습니다. 계절에 상관없이 일 년 내내 맛있는 과일과 채소를 맛볼 수 있는 세상입니다. 하지만 이런 일들이 항상 좋은 것만은 아니랍니다. 언제나 싱싱한 과일과 채소를 먹기 위해서 지구에 큰 부담을 주고 있기 때문입니다. 과일과 채소 등을 제철이 아닌 때에 인위적으로 키우기 위해서는 많은 에너지가 들고 화학 비료 등이 투입되어야 하기 때문이지요.

반면, 제철 음식은 살고 있는 지역의 기후와 계절에 맞춰 준비하기에 환경에 부담을 주지 않습니다. 농약이나 비료를 적게 사용하면서 불필요한 에너지 사용을 줄이고 지구 환경을 지켜 갈 수 있습니다.

제철 음식으로는 어떤 것이 있을까요? 예를 들어, 여름에는 더위를 이기고 체력을 회복하는 데 좋은 수분과 비타민이 풍부한 수박이나 오이가 제철입니다. 겨울에는 감기를 예방하고 면역

봄철 대표 과일, 딸기

력을 높여 주는 비타민 C가 많은 귤이 제철입니다. 봄에는 신진
대사를 활발하게 해 주고 독소를 배출해 주는 식이섬유가 많은
냉이나 미나리가 제철입니다. 가을에는 피로를 풀어 주고 혈액을
맑게 해 주는 철분이 풍부한 시금치가 제철이지요. 이렇게 제철
식품은 계절과 몸 상태에 맞게 필요한 영양소를 적절하게 공급
해 줍니다.

　제철 식품은 농약이나 비료를 적게 사용하기 때문에 인공적

인 성분이 적습니다. 제철 식품을 먹으면 알레르기나 소화불량 등의 위험을 줄일 수 있습니다.

제철 식품은 최근 사회적 문제로 떠오른 비만 문제 해결에도 도움을 줍니다. 우리나라에서도 점점 성인만이 아니라 어린이의 비만률이 매년 증가하고 있습니다. 비만은 단순히 외모의 문제가 아니라, 당뇨병이나 고혈압 등 만성질환의 원인입니다. 비만을 예방하고 치료하기 위해서는 운동과 함께 적절한 식생활 습관이 필요합니다. 이때 제철 식품이 그 역할을 합니다.

제철 식품은 환경오염을 줄이고, 지속 가능한 농업을 지원하면서 우리의 건강과 함께 식탁을 더욱 풍성하게 해 줍니다. 그래서 학교 급식에도 계절에 따른 제철 음식이 메뉴로 나온답니다. 우리의 몸과 지구를 살리는 제철 식품을 통해 건강한 식생활을 만들어 가면 좋겠습니다. 급식 메뉴 안내판을 보면서 제철 음식으로 어떤 것이 있는지 한번 확인해 보세요. 그럼 자연스럽게 계절의 변화와 제철 음식들이 새롭게 보일 거예요.

22 올림픽 선수들이 공정무역 제품으로 급식을 먹었다고요?

급식은 학교에서만 먹는 것이 아니랍니다. 올림픽에 참여하는 선수들도 급식을 먹습니다. 올림픽 개최국에서 마련한 선수촌 식당에서 경기 전, 후로 엄청나게 많은 선수와 관계자가 매일 식사를 합니다. 올림픽을 여는 국가의 해당 도시에서는 선수들이 지내는 선수촌을 짓고, 이곳에서 선수들이 지역 문화 특성에 맞는 식사를 할 수 있게 식당을 운영하면서 다채로운 급식을 제공합니다.

급식과 관련해 세계적으로 주목받았던 올림픽이 있습니다. 바로 2012년 런던 올림픽입니다. 런던 올림픽에서는 선수단에게 제공하는 급식에 새로운 변화를 주었습니다. 바로 공정무역 식품을 제공해 준 것입니다.

런던 올림픽에서는 '기회의 평등, 공정한 규칙' 같은 스포츠 정신을 실천하기 위해 공정무역 식품과 제품을 사용했어요. 공정무역은 그 말처럼 공정한 이윤을 남기기 위해 행해지는 무역이에요. 이를 위해 런던 올림픽 조직위원회에서는 대회 기간 동안

공정무역 인증 마크

선수와 관계자 들에게 커피 1400만 잔, 홍차 750만 잔, 바나나 1000만 개, 설탕 1000만 포 등을 모두 공정무역 제품으로 제공했어요. 세계적으로 큰 기업 중심으로 운영하는 것이 아니라, 제품을 만드는 사람들과 지역의 건강한 사회 발전을 위해서 급식 메뉴와 식품을 정한 것이랍니다.

올림픽이 열린 6주 동안 공정무역으로 생긴 이익은 생산자 발전 기금, 저개발국의 학교와 의료 시설 확충, 깨끗한 물 공급 등 사회경제 프로젝트에 사용되었어요. 세계의 평화와 협력을 기리는 올림픽 정신을 직접 실천한 것입니다. 관계자들은 자신도 알지 못하는 사이에 불평등한 무역 구조를 바꾸는 커다란 운동에 동참한 것입니다.

공정무역은 무역을 하는 두 국가가 공정한 이윤을 나누는 방식을 뜻합니다. 하지만 선진국이나 다국적 기업은 상대적으로 빈곤한 나라와 무역을 할 때 공정하게 이윤을 분배하지 않는 경우가 많습니다. 선진국은 더욱 많은 이윤을 갖고, 상대적으로 빈곤한 국가는 조금이라도 이윤을 남기기 위해 인건비를 낮추게 됩니다. 이로 인해 악순환이 생깁니다. 인건비를 낮추기 위해 어린이들을 고용하고, 학교에 다녀야 할 어린이들은 넉넉지 않은 가정 형편 때문에 어쩔 수 없이 노동에 내몰리게 됩니다. 이런 일들이 반복되면 빈곤한 국가는 미래를 향해 나아갈 가능성을 잃게됩니다.

공정무역은 선진국이 누리는 풍요가 빈곤한 국가의 고통과 미래를 기반으로 하고 있다는 점을 반성하고, 함께 나아갈 미래를 꿈꾸는 무역을 모색하면서 탄생한 것입니다. 이런 정신에 입각해서 런던 올림픽에서는 공정무역 제품을 급식에 도입한 것이랍니다. 최근에는 매일 먹는 학교 급식에서도 공정무역 제품을 사용하면서 더불어 함께 나누고 성장하려는 노력들이 이어지고 있습니다.

23 푸드 마일리지가 높으면 좋은 것이 아닌가요?

우리가 먹는 급식 재료는 어디에서 오는 것일까요? 급식 메뉴에 나와 있는 원산지 표시를 보면 알 수 있답니다. 놀랍게도 노르웨이, 미국, 오스트레일리아 등등 우리가 먹는 급식 재료는 전 세계에서 만들어졌다는 것을 알 수 있습니다. 세계화 시대 덕분에 우리는 활발하게 교류하며 살아가고 있지요. 음식도 마찬가지입니다.

예전에는 자기 지역에서 생산된 음식들을 주로 먹었습니다. 지금은 변화가 생겼어요. 현재처럼 세계화된 상황에서 먹을거리가 멀리서 오는 것이 마냥 좋은 것만은 아니랍니다. 멀리 이동하는 과정에서 상하지 않게 방부제 등을 넣고, 또 장거리 운송으로 인해 탄소를 많이 배출하는 등의 문제가 있기 때문입니다. 이때 탄소는 차나 선박, 비행기 같은 운송 수단에서 배출되는 것을 말합니다.

푸드 마일리지란 식품이 생산자의 손을 떠나 소비자의 식탁에 오르기까지의 이동 거리를 말합니다. 따라서 푸드 마일리지가 높다는 것은 그만큼 멀리서 왔다는 뜻입니다. 푸드 마일리지는 식품의 유통에 따른 환경적, 경제적, 사회적 영향을 측정하는 지표입니다. 푸드 마일리지가 낮은 식품은 생산지와 소비자까지의 거리가 가깝습니다. 그만큼 이동 거리가 짧기 때문에 환경에 나쁜 영향을 주는 탄소를 적게 배출할 뿐 아니라 더 신선하고 안전한 상태를 유지할 수 있습니다. 반대로 푸드 마일리지가 높아질수록 그 식품의 신선도는 떨어지고 탄소 배출량도 많아집니다. 따라서 푸드 마일리지가 낮은 식품을 먹으면, 우리의 건강과 환경을 동시에 지킬 수 있습니다.

이로 인해 지구 환경과 우리 몸을 위해 푸드 마일리지가 낮은 지역의 식품을 먹자는 운동이 펼쳐지고 있습니다. 바로 로컬 푸드 운동입니다. 지역을 뜻하는 로컬(local)과 음식을 뜻하는 푸드(food)가 합해진 것이지요. 학교 급식 메뉴처럼 식당에서도 이제는 음식 재료의 원산지 표시를 하고 있습니다.

앞으로는 먼 거리가 아닌 바로 지역 가까운 곳에서 싱싱하게 마련된 먹을거리들을 우리 식탁과 급식에서 많이 마주할 수 있으면 좋겠습니다. 로컬 푸드는 음식을 먹는 사람들의 건강에도 도움이 되지만 지역 농가와 경제에도 큰 도움을 줍니다.

로컬 푸드 운동을 초등학생들이 직접 실천한 사례가 있습니다. 바로 강원도 양구에 있는 한전초등학교 친구들입니다. 한전초등학교에서는 학생들이 손수 만든 음료와 디저트, 직접 키운 쌈 채소를 판매하는 등의 경제 활동을 하고 있습니다. 이렇게 해서 발생한 수익금을 학교 구성원 모두에게 나누는 사회적 기업을 운영하여 큰 화제가 되고 있답니다. 학생들은 친환경 퇴비를 만들고, 그것을 학교 텃밭에 뿌려 탄소 중립을 위한 친환경 농법도 공부하고 있습니다. 이와 같은 사례가 많아지면 좋겠습니다.

한전초등학교 학생들이 직접 키운 채소를 수확하는 모습

5

기후 위기와 음식이
무슨 관계가 있나요?

24 음식을 모르는 '음식 문맹'이 생각보다 많다고요?

우리는 매일 음식을 먹으며 생활합니다. 하지만 음식을 제대로 알지 못하고 먹는 경우가 많습니다. 대화는 할 수 있어도 막상 글자를 읽고 쓰지 못하면 문맹이라고 하는 것처럼 음식도 마찬가지예요. 음식을 먹고 나서 건강이 어떻게 될지, 음식이 어떤 과정으로 만들어졌는지 모르는 것을 '음식 문맹'이라고 합니다. 그저 맛있다고 즐겨 먹는 음식이 실제로는 건강을 해롭게 하는 것을 모른다면 그 사람은 음식 문맹입니다.

실제로 패스트푸드나 인스턴트 같은 가공식품을 많이 먹으면 비만이나 당뇨병 등 질병에 걸릴 가능성이 높습니다. 바르지 못한 식생활 습관으로 인해 건강이 나빠지는 것입니다. 음식은 우리의 건강과 생명을 결정하는 중요한 것이지만 막상 사람들은 대수롭지 않게 생각하는 경우가 많습니다.

학교 급식도 마찬가지였어요. 예전 학교 급식에는 햄버거와 냉동식품 등의 음식이 많았어요. 급식 예산이 부족해서 신선하고

햄버거와 감자튀김

좋은 재료가 아니라 값싼 재료와 가공식품, 영양보다는 열량이 높은 음식 중심으로 급식이 마련된 것이에요.

영국에서는 2005년에 학교 급식을 바꾸는 캠페인을 시작했습니다. '잘 먹게 해 주세요(Feed Me Better)'라는 캠페인이에요. 캠페인에는 27만여 명이 넘는 사람이 서명을 하고 정부의 정책을 바꿔 달라며 청원을 했어요. 이에 영국 정부에서는 5000억 원의 예산을 추가해서 건강한 식단을 개발하고 급식을 만들기로 했어요. 덕분에 영국의 학교 급식에서 초콜릿, 탄산음료 등 어린이 비만의 주범으로 지목되는 정크 푸드가 사라졌습니다. 소금과 지방 함량이 높아 건강에 나쁜 식품들이 급식 메뉴에서 금지되었어요. 기름에 튀긴 음식을 줄이고, 식사 때마다 최소한 신선한 과일과 채소와 샐러드 등의 음식을 제공하게 되었습니다. 이런 변화는 우리나라에서도 진행되고 있어요. 친환경 급식으로 바꾸면서 신선한 채소와 과일을 비롯해 친환경 음식 재료들이 급식에 나올 수 있게 식단을 조정하고 예산을 늘렸거든요.

여러분은 주로 어떤 음식을 좋아하고, 즐겨 먹고 있는지 한번 생각해 보세요. 탕후루라든가 탄산음료 등을 지나치게 자주 먹지는 않나요? 음식 문맹에서 벗어나 음식에 대해 제대로 알고 먹거리를 고를 때 주의를 기울인다면 스스로의 건강과 지구 환경도 함께 지켜 갈 수 있습니다.

25 한 가지 음식에 수많은 사람의 노력이 숨어 있다고요?

음식 문맹은 사실 세계화로 인해 더 많아지고 있어요. 우리가 평상시 먹는 음식의 생산, 가공, 유통, 소비가 특정 나라나 지역이 아닌 전 세계적으로 이뤄지고 있기 때문입니다. 예전에는 먹거리가 자기가 사는 지역의 재료들로 공급되었지만, 지금은 세계 각지에서 음식 재료들이 생산되고 여러 나라를 넘나들며 유통됩니다. 실제로 노르웨이산 고등어, 칠레산 포도, 오스트레일리아산 소고기, 미국산 오렌지가 익숙하게 느껴지는 것이 현실이에요. 식당에서 원산지 표시를 보면 해외 농수산물이 눈에 많이 띈답니다.

해외 음식 재료만이 아니라 국내에서 생산되는 원산지 음식 재료들도 누가 어떻게 생산하는지, 또 어떻게 조리하는지 알기 어렵습니다. 가공식품의 경우 생산자와 생산 과정이 밝혀지지 않은 재료를 쓰고, 수많은 종류의 식품 첨가물이 들어가기 때문이지요.

우리가 즐겨 먹는 깻잎을 한번 볼까요. 깻잎은 코리안 허브로 불리며 국내뿐 아니라 해외에서도 큰 인기를 얻고 있어요. 상추와 함께 쌈 채소로, 또 나물 반찬이나 깻잎장아찌 등 밑반찬으로 즐겨 먹지요. 하지만 깻잎은 막상 누가 어떻게 생산하는지 잘 모릅니다.

깻잎은 예전에는 밭에서 키웠지만 지금은 비닐하우스에서 일 년에 두 번 파종하는 이모작 방식으로 키우고 있어요. 깻잎은 기계로 딸 수 없고, 사람이 직접 손으로 하나씩 하나씩 따야 해요. 하루 동안 손으로 따는 양은 열다섯 박스가 넘는답니다. 한 박스에 10개짜리 깻잎 묶음 100개가 들어가는데, 전체로 계산하면 하루 1만 5000장이 넘는 양이랍니다. 새벽부터 저녁까지 쉼 없이 일해야 겨우 채울 수 있는 엄청난 양이에요. 이 일은 과거에는 농촌 지역의 60~70대 어르신들이 하셨습니다. 하지만 요즘에는 우리나라에 온 외국인 노동자들이 이 일을 하고 있습니다.

우리나라에서 깻잎 농사는 이제 이주 노동자가 없으면 더 이상 지을 수 없는 상황입니다. 그런데 정작 외국인 노동자들에 대한 급여와 처우는 좋지 못합니다. 고된 일인데도 최저 임금도 제대로 받지 못하며 일하는 경우가 있습니다. 깻잎 한 장을 따는 데

3원밖에 받지 못한 채 비닐하우스에서 새우잠을 자면서 장시간 노동에 내몰리는 등 최소한의 기본적 인권도 보장받지 못하는 경우도 있습니다. 이처럼 이주 노동자의 인권이 보장받지 못하면 우리의 밥상도 건강한 것이 아닙니다. 누군가의 인권과 맞바꾼 음식은 바람직하지 않기 때문입니다. 깻잎 농사를 짓는 분들의 노력이 정당한 대가를 받고 또 일터 환경이 안전하고 기본적인 인권이 보장될 때 비로소 우리는 건강하게 음식을 먹고 함께 살아가는 사회를 만들 수 있답니다.

학교 급식은 어떨까요? 학교 급식을 만드는 과정에도 무수히 많은 분의 정성과 노력이 담겨 있습니다. 학교에는 급식 준비를 위해 새벽 6시 30분부터 급식 재료 배달이 시작됩니다. 채소부터 고기, 생선, 과일 등 그날그날 메뉴에 따라 여러 대의 차량이 학교에 옵니다. 급식 재료가 한 차량으로 오지 않고 여러 대의 차량에 나뉘어 오는 까닭이 있습니다. 그것은 재료를 담아 배송하는 과정에서 고기와 채소 등 서로 다른 재료끼리 행여 교차 오염이 되는 것을 막기 위해서입니다. 교차 오염이 될 경우 자칫 식중독 등이 일어날 수 있기 때문입니다.

이른 아침 도착한 식재료들은 영양 선생님과 급식 조리사들

급식 조리사가 식재료를 손질하는 모습

이 검수를 합니다. 식재료의 품질, 수량, 유통기한 등을 확인하는 것이지요. 검수를 통해 식재료가 신선하고 안전한지 판단합니다. 검수가 끝나면 조리사들은 먼저 식재료를 손질합니다. 식재료를 세척하고, 껍질을 벗기고, 썰거나 갈아서 요리에 적합한 형태로 만드는 것입니다. 손질을 할 때 조리사들은 식재료의 색, 냄새, 맛 등을 점검하고, 상한 부분은 제거합니다. 손질이 끝나면 식재료를 조리 기구에 담아서 요리합니다.

조리가 끝나면, 조리사들은 조리한 음식을 접시나 그릇에 담아서 급식실에 배달합니다. 배달을 할 때, 음식의 온도와 위생을 유지하기 위해 보온함이나 냉장함을 사용하기도 합니다. 보온함이나 냉장함은 음식의 온도를 일정하게 유지하고, 외부의 미생물이나 곰팡이가 음식에 오염되는 것을 방지합니다. 그렇게 새벽부터 준비된 급식이 점심 메뉴로 매일 학교에서 차려지는 것입니다.

어떤가요? 익숙하게 먹는 급식이 이렇게 많은 분의 정성과 노력으로 만들어진다는 것이 신기하지요. 몇 분의 조리사 분들과 영양 선생님께서 수백 명의 학생과 교직원의 급식을 만듭니다. 학교 급식을 비롯해 한 끼의 식사가 만들어지기까지 노력한 많은 분들에게 감사하는 마음을 가지면 좋겠습니다. 식사를 통해 세상과 연결된 사람들과 지구 환경을 생각해 보면서요.

26 생명을 살리기 위해 안전한 급식실이 필요하다고요?

최근 급식실이 위험한 곳으로 지목되고 있어요. 오랫동안 학생들과 교직원을 위해 음식을 마련한 급식 조리사 분들 중 폐암에 걸린 경우가 많고 심지어 목숨을 잃으셨거든요. 도대체 어떻게 된 일일까요?

수십, 수백 명분 음식을 조리하며 발생한 수증기와 매연에 노출되었기 때문이에요. 이렇게 조리실에서 발생하는 수증기와 매연을 '조리흄(cooking fumes)'이라고 해요. 조리흄은 기름에 튀기거나 볶는 요리를 할 때 발생하는 초미세 분진 물질이에요. 세계보건기구(WHO)와 국제암연구소(IARC)에서는 1급 발암 물질로 지정하였습니다.

학교 급식실에서 일하다 폐암에 걸려 산업재해가 인정된 노동자가 급속히 늘어 2023년에는 100명을 훌쩍 넘은 거로 확인됐습니다. 2022년부터 실시한 '학교 급식 종사자 폐암 건강 검진' 결과 14개 시·도에서 급식 종사자 31명이 폐암 확진을 받았습니다. 무려 급식 종사자 중 20퍼센트가 건강 이상 소견을 받았답니다.

조리흄의 초미세 분진 농도는 실내 공기질 권고량의 18배 수준인 데다 폐에 매우 유해한 휘발성 유기 화합물(VOCs)도 대량 함유하고 있습니다. 그런데 이것들은 열을 만나면 공기 중으로 상승하려는 기질이 있습니다. 그렇게 퍼진 조리흄은 공기 중에 머물다가 급식 종사자의 호흡기로 들어가 폐암 등의 문제를 일으키는 것입니다. 조리흄은 뇌 손상, 알레르기, ADHD(주의력결핍 과다행동장애) 등 전신 건강에도 영향을 줄 수 있습니다.

조리흄은 급식을 먹는 학생들에게도 좋지 않습니다. 이에 정부와 전국 시·도 교육청에서는 대책 마련을 위해 급식 시설 개선 방안 등을 발표했습니다. 하지만 당장 시설 개선까지는 많은 시간과 예산이 필요한 상황입니다. 이런 상황에서 우선적으로 함께 실천할 수 있는 것이 있습니다. 무엇보다 급식 메뉴를 바꾸는 것입니다.

많은 요리 중에서도 튀김이나 기름으로 가열하는 요리가 조리흄의 주요 원인입니다. 이런 요리는 기름 입자가 공기 중에 머무르는 시간을 길게 하고, 발암 물질을 유발하는 비율을 높입니다. 더욱이 칼로리가 높고, 지방과 나트륨이 많아 비만, 고혈압 등의 위험을 높이기도 합니다. 이런 측면에서 튀김이나 기름으로 가열하는 요리를 줄이고, 오븐이나 인덕션 같은 전기식 기구를 사용하는 메뉴로 음식을 바꾸는 것입니다. 발암 물질을 유발하는 요리의 비율을 낮출 뿐 아니라, 음식의 영양소와 맛도 더 잘 보존하고 기름을 절약할 수도 있습니다.

환기 시설을 개선하는 것도 필요합니다. 오염 물질을 제어하기 위한 상승 기류에 유용한 후드를 설치하거나, 기존의 후드를 교체해서 환기량을 늘리는 것입니다. 이렇게 하면 조리흄이 실내에 머무르지 않고 바깥으로 배출되어 조리실의 공기질을 개선하고, 조리 종사자의 폐 건강을 보호할 수 있습니다. 계절별로 적정 온도를 유지하기 위해 냉난방 효율을 강화하는 것도 중요합니다.

가정에서 음식을 조리할 때도 환기를 잘해야 합니다. 조리흄이 발생하기 때문입니다. 가정에서는 대개 소량으로 음식을 하기에 환기만 잘해도 큰 문제가 없습니다.

27 우리 몸과 지구를 살리는 급식이 있다고요?

최근 전 세계적으로 그린 급식에 대한 관심이 높아졌습니다. 도 대체 그린 급식은 무엇일까요? 사실 그린 급식에서 '그린'은 초 록색을 나타내는 뜻으로 채식 급식을 이야기합니다. 그린 급식은 기후 변화에 대응하고, 건강하고 균형 잡힌 식단을 성취하기 위 해 육류나 가공식품을 줄이고, 채소나 곡물 같은 식품을 늘리는 급식입니다. 기후 변화를 막기 위해 우리가 먹는 음식을 바꾸는 실천이기도 합니다.

지구촌 곳곳에서 기후 위기가 심각해지면서 유럽과 미국 등 11개 국가의 많은 과학자들이 세계 각 도시의 시장들에게 공개편 지를 보냈습니다. 과학자들이 요구한 것 중 하나는 놀랍게도 학 교 급식을 변화시키자는 제안이었어요. 현재 학교 급식에서 고기 를 줄이고 채식 위주의 식단으로 바꾸는 것이 지구를 살리는 길 이라는 설명을 덧붙이면서요. 급식을 변화시키면 비만 등의 건강 문제뿐만 아니라 환경 문제를 해결하면서 지구를 살릴 수 있다

채소와 과일

고 제안한 것이지요.

이런 제안에 많은 도시가 호응을 하면서 변화가 일어났어요. 대표적으로 세계 최대 도시 중 하나인 미국 뉴욕시에서는 2019년 9월부터 1800여 곳의 공립 학교가 월요일에는 고기를 먹지 않는 '고기 없는 월요일' 프로그램을 시작했어요. 뉴욕시 시장은 '우리 아이들은 그들 자신과 지구를 위해 새로운 건강한 선택을 하고 있다. 뉴욕의 1800여 학교가 고기 없는 월요일을 시작한 이유'라면서 그린 급식을 시작했어요. 뉴욕시 교육감 역시 '뉴욕의

110만 명의 학생이 보다 건강하고 지속 가능한 삶을 향해 나아가고 있다. 우리 학생들과 교사들은 위기 상황의 지구를 살리는 리더'라면서 고기 없는 월요일 프로그램을 확대하겠다고 했어요.

뉴욕시에서는 최근 모든 요일의 급식에서 베이컨과 햄 같은 가공육을 제공하지 않는 결의안도 통과시켰습니다. 맛과 열량에 치중하던 학교 급식을 환경과 미래를 생각하는 급식으로 바꾼 것입니다. 캘리포니아주는 학교 점심 급식에서 원하는 학생에게 채식을 보장하고 있습니다. 또한 프랑스에서도 2019년부터 유치원과 초중고에서 주 1회 채식 급식을 의무적으로 실시하고 있습니다.

이런 변화는 우리나라에서도 일어나고 있습니다. 서울시, 경기도, 제주도 등등 전국 시·도 교육청에서는 기후 위기 시대에 새로운 미래를 열어 가기 위해 한 달에 2회 정도씩 채식 급식을 시작했거든요. 지금까지 육류의 생산과 소비 시스템은 온실가스 배출을 늘려 지구 온난화를 심화시켰습니다. 이에 지구 환경과 생태를 살리는 새로운 급식을 시작하게 된 것입니다. 육류 중심이 아닌 균형 잡힌 식단을 통해 학생들이 영양을 고루 섭취하도록 돕는 역할도 할 것으로 기대됩니다.

세계보건기구와 유엔식량농업기구에서는 심장 질환, 암, 당뇨병, 비만 예방을 위해 하루 최소 400그램 이상의 채소와 과일의 섭취를 권고하고 있습니다.

그린 급식은 온실가스 배출량을 줄여 줍니다. 육류나 가공식품은 생산과 운송 과정에서 많은 탄소발자국을 남기지만, 채소나 곡물은 탄소발자국이 적습니다. 탄소발자국이 적으면 지구온난화를 완화할 수 있습니다. 학교 급식에서 그린 급식을 하면 학생들은 신선하고 안전한 급식을 먹을 수 있고, 지역 농민들과 연계하여 지역사회와의 소통과 협력을 강화할 수 있습니다. 또한 푸드 마일리지를 낮추어 지구를 살릴 수 있답니다.

28 우리가 먹는 것이 지구의 미래라고요?

어떤 음식을 먹느냐에 따라 사람의 건강이 달라집니다. 그런데 놀랍게도 사람들이 어떤 음식을 많이 먹느냐에 따라 지구의 미래도 달라집니다. 몸에 좋지 않은 음식을 많이 먹으면 건강이 나빠지는 것처럼, 지구에도 해로운 음식이 있습니다. 육류나 가공식품을 줄이고, 채소나 곡물 같은 음식을 늘리는 그린 급식을 하자는 것도 바로 이런 이유입니다.

육류나 가공식품은 생산과 운송 과정에서 많은 온실가스를 배출하고, 식품 첨가물이나 농약 등의 유해한 물질을 함유하고 있습니다. 반면에 채소나 곡물은 온실가스 배출량이 적고, 신선하고 건강한 영양소를 제공합니다. 무엇보다 육류 소비가 많아지면 운송 과정뿐 아니라 소 등을 키우는 과정에서 지구 환경을 크게 위협합니다. 과연 소를 대량으로 키우는 것이 도대체 어떻게 지구 환경을 위협하는 것일까요?

세계적으로 많은 사람들이 즐겨 먹는 햄버거를 한번 생각해 볼까요. 햄버거는 전 세계 인구의 1퍼센트가 날마다 먹습니다. 간편하고 빠르게 먹을 수 있는 패스트푸드이기 때문입니다. 하지만 햄버거에는 불편한 진실이 숨겨져 있어요. 바로 햄버거 재료용 쇠고기를 얻기 위해 매년 우리나라 크기만 한 크기의 열대 우림이 훼손되고 있다는 것입니다. 소를 사육하기 위한 방목지와 사료인 콩, 옥수수를 재배하기 위해 열대 우림을 불태우고 있습니다. 지구의 허파로 불리는 아마존 삼림이 축산업 때문에 사라지고 있습니다. 목초지를 만들려고 법을 어겨 가면서 벌목을 하고 방화까지 저지르는 일이 벌어지면서 아마존이 파괴되고 있습니다.

아마존 지역뿐만이 아닙니다. 전 세계에서 가축들을 마치 공장에서 물건을 찍어 내듯 키우고 있습니다. 이를 공장식 축산업이라고 합니다. 소나 돼지, 닭 등 동물을 한정된 좁은 공간에서 성장 촉진제 등을 투여하면서 대규모로 사육하는 축산의 형태입니다. 이 방식은 고기와 유제품을 많이 생산할 수 있지만, 여러 문제점이 있습니다.

공장식 축산업은 우선 환경을 오염시킵니다. 동물이 내는 배설물이나 가스가 물과 공기를 더럽히고, 온실가스를 많이 발생시

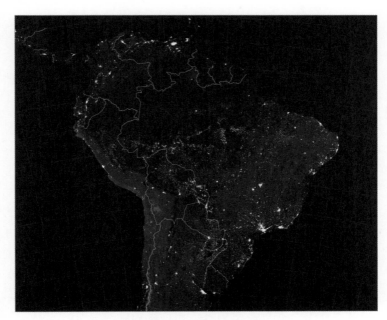

2019년 아마존 우림에서 발생한 산불을 위성에서 바라본 모습

켜 지구온난화를 가속화합니다. 또 사료가 되는 식물을 재배하기 위해 많은 산림이 파괴되고, 물과 토양이 낭비되고, 생물다양성이 감소합니다.

공장식 축산업은 동물과 사람의 건강을 해칩니다. 동물들은 비좁고 더러운 환경에서 스트레스를 받고, 질병에 걸리기 쉽습니다. 그래서 항생제 등의 약물을 많이 투여 받습니다. 이런 약물들은 동물의 몸에 남아서 사람에게도 영향을 끼칩니다. 사람들이 이런 동물의 고기를 먹게 되면, 면역력이 약화되어 항생제 내성균이나 슈퍼박테리아에 전염되는 원인이 될 수 있습니다.

무엇보다 공장식 축산업은 비윤리적입니다. 동물들은 생명체로서의 존엄성을 인정받지 못하고, 물건처럼 취급됩니다. 동물들은 태어나자마자 좁은 축사에 갇혀 고통을 받습니다. 이빨이나 부리가 잘리는 등 몸에 상처를 입고, 비좁은 공간에 갇혀서 날갯짓이나 운동도 못 하며 가족이나 친구와 함께 살 수도 없습니다. 동물들은 평생 고통과 공포 속에서 살다가 도축장으로 보내져 죽음을 맞이합니다.

우리가 무심코 먹는 햄버거를 비롯해 지나친 육식이 낳은 공장식 축산업으로 일어난 일들을 함께 되돌아볼 필요가 있습니다. 우리가 먹는 음식에 따라 지구의 미래가 달라질 수 있다는 것을 함께 생각해 보면 어떨까요?

29 음식물 쓰레기를
왜 줄여야 하나요?

급식 등을 맛있게 먹고 나서 망설여질 때가 있습니다. 바로 음식이 남는 경우입니다. 어쩔 수 없이 잔반통에 버려야 하는데 어떨 때는 이 잔반통에 음식물이 넘치는 경우가 있습니다. 바로 음식물 쓰레기입니다. 사실 음식물 쓰레기는 지구 전체적으로 심각한 문제랍니다.

전 세계에서 매년 약 13억 톤의 음식물 쓰레기가 발생하고 있습니다. 이는 전체 식량의 약 3분의 1에 해당합니다. 하지만 지구 한편에서는 여전히 굶주림으로 목숨을 잃는 사람이 많이 있습니다. 전 세계에서 약 8억 명이 굶주리는 상황에서 우리는 아무 생각 없이 엄청난 양의 음식을 버리고 있습니다. 이렇게 버려지는 음식은 대부분 먹을 수 있는 멀쩡한 것들입니다.

음식물 쓰레기는 환경에 악영향을 줍니다. 음식물 쓰레기는 매립장이나 소각장에서 처리되는데, 이 과정에서 많은 이산화탄소와 메탄가스 같은 온실가스를 배출하고, 물과 공기 그리고 토

급식실의 잔반 버리는 곳

양을 더럽힙니다. 온실가스는 지구온난화를 가속화하고, 물과 공기와 토양의 오염은 생태계와 인체에 해를 끼칩니다. 최근에는 쓰레기 매립장이나 소각장이 부족해서 문제가 생기고 있습니다. 제대로 관리되지 못했을 때는 냄새도 심하고 해당 지역을 심각하게 오염시킬 수도 있는 시설인 만큼 매립장이나 소각장을 둘러싼 사회적 갈등도 심각합니다.

음식물 쓰레기는 경제적으로도 낭비입니다. 음식물 쓰레기를 처리하는 데에는 많은 비용이 들고, 버린 음식의 가치도 손실됩니다. 우리나라에서는 음식물 쓰레기 처리에 연간 약 8000억 원이 들고, 일인당 하루 평균 500칼로리의 음식을 버리는 것으로 추산됩니다. 이는 일 년에 일인당 40만 원을 쓰레기통에 버리는 것과 같습니다.

음식물이 버려지는 것을 막기 위해 학생들이 반짝반짝 좋은 아이디어를 내서 음식물 쓰레기를 줄인 사례가 있습니다. 바로 서울 지역 중고등학생들이 배식 받는 식판 바닥에 적정량을 표시한 선을 그어서 학생별로 알맞은 식사량을 받게 한 것입니다. 학생들이 자신이 어느 정도를 받아야 적당한 양인지를 가늠하기 어려워한다는 점을 관찰하면서 아이디어를 생각해 낸 것입니다. 그렇게 표준 식사량 섭취를 돕고, 식판에 담은 음식량과 자신이 먹을 수 있는 음식량 사이의 오차를 줄일 수 있도록 했습니다. 이 식판은 그려진 선이 무지개를 닮아 '무지개 식판'이라는 이름이 붙었답니다.

무지개 식판은 표준 식사량에 따라 만들어진 눈금을 보고 학생 개개인이 자신의 식사량에 맞게 음식을 담을 수 있습니다. 밥을 담는 곳에 점선과 실선을 표시했는데, 점선은 반 공기를, 실선은 한 공기를 의미합니다. 한 공기 위로도 한 공기 반, 두 공기가 표시돼 있어 적게 먹는 학생과 많이 먹는 학생을 함께 배려한 것입니다. 이 식판이 도입되면서 음식물 쓰레기가 많이 줄어들었습니다. 여러분도 음식물 쓰레기를 줄이기 위해 실천할 수 있는 일들을 함께 생각해 보고 제안해 보면 어떨까요?

이미지 출처와 페이지